U0690487

运筹帷幄的战争谋略

康永利 / 编著

吉林人民出版社

图书在版编目（CIP）数据

运筹帷幄的战争谋略 / 康永利编著. -- 长春：吉
林人民出版社，2012.7
　（军事五千年）
　ISBN 978-7-206-09175-9

　Ⅰ.①运… Ⅱ.①康… Ⅲ.①战略思想 – 通俗读物
Ⅳ.①E81-49

　中国版本图书馆 CIP 数据核字(2012)第 160892 号

运筹帷幄的战争谋略

YUNCHOU-WEIWO DE ZHANGZHENG MOULUE

编　　著:康永利
责任编辑:金　鑫　　　　　　封面设计:七　洱
吉林人民出版社出版 发行(长春市人民大街7548号　邮政编码:130022)
印　　刷:北京市一鑫印务有限公司
开　　本:670mm×950mm　　1/16
印　　张:12　　　　　　　　字　　数:123千字
标准书号:978-7-206-09175-9
版　　次:2012年7月第1版　　印　　次:2023年6月第3次印刷
定　　价:38.00元

CONTENTS 目录

夏商鸣条之战 ………………………………… 001

史上第一军谋家伊尹始创军谋 ………………… 003

老太师姜子牙开创中国军学 …………………… 005

郑庄公开拓进取独创新战术 …………………… 008

改革家管仲率先改革军事 ……………………… 010

晋楚城濮之战 ………………………………… 012

大元帅先轸知兵善谋 …………………………… 015

晋楚邲之战 …………………………………… 017

晋楚鄢陵之战 ………………………………… 020

大司马穰苴从严治军 …………………………… 022

吴楚鸡父之战 ………………………………… 024

吴破楚入郢之战 ……………………………… 026

三国分晋之战 ………………………………… 029

越王勾践灭吴之战 …………………………… 032

兵法鼻祖孙武兵书传千古 ……………………… 035

晋秦崤山之战 ………………………………… 038

老将伍子胥虑远谋深 …………………………… 041

CONTENTS

齐魏桂陵之战 ·· 044

思想家墨翟首创城防理论 ······························· 046

齐魏马陵之战 ·· 048

军事改革家商鞅为改革献身 ···························· 051

"罪犯"军事家孙膑身残德高 ························· 054

秦昭襄王三战楚军 ·· 056

燕将军乐毅受聘异国任将 ································ 059

秦远交近攻扩大连横 ······································ 062

秦赵邯郸之战 ·· 065

智多星田单智高谋广 ······································ 068

秦魏大梁、华阳之战 ······································ 071

秦赵长平之战 ·· 073

秦王统一中国之战 ·· 076

谋略家张良三拜良师 ······································ 079

假上将项羽真成霸业 ······································ 082

大将韩信忍胯下辱深谋远断 ···························· 085

韩信灭齐之战 ·· 088

CONTENTS 目录

楚汉垓下之战 ················ 090

郎中虞诩善用奇兵 ················ 093

冒顿单于善射鸣镝 ················ 096

东汉征西域之战 ················ 100

汉新昆阳之战 ················ 102

大司马吴汉持重不苟 ················ 105

袁曹官渡之战 ················ 108

天才军事家曹操以法治军 ················ 111

大军师诸葛亮神机妙算 ················ 114

风流将军周瑜声威远震 ················ 117

吴国大将陆逊才略经国 ················ 119

孙曹赤壁之战 ················ 122

刘备袭取蜀汉之战 ················ 125

吴蜀荆州、彝陵之战 ················ 128

蜀汉伐魏之战 ················ 131

晋将羊祜怀柔抚远 ················ 134

"杜武库"以计代战 ················ 137

CONTENTS

后赵石勒开国之战 ……………………………… 139

东晋名将谢玄才雄略大 ……………………… 142

刘裕灭后秦之战 ………………………………… 144

侯景乱梁之战 …………………………………… 147

隋与突厥之战 …………………………………… 150

义军领袖李密志远才雄 ……………………… 153

唐太宗李世民用兵有术 ……………………… 156

宋将石守信盛年释兵权 ……………………… 159

宋金黄天荡之战 ………………………………… 161

宋金顺昌之战 …………………………………… 164

元朝大将史天泽智勇兼备 …………………… 167

刘伯温能掐会算料事如神 …………………… 169

义军统帅李自成指挥超群 …………………… 172

太平军统帅杨秀清大智富略 ………………… 175

铁木真统一蒙古之战 ………………………… 178

四川统帅余玠独创城防体系 ………………… 181

金明萨尔浒之战 ………………………………… 184

夏商鸣条之战

夏王朝在北方统治了大约400多年，到了公元前16世纪，夏朝的末代王叫夏桀（jié）非常残暴，他和奴隶主们一起残酷压榨奴隶。搜刮来的钱财，大兴土木，建造宫殿，过着荒淫腐败的生活，人心丧尽。大臣龙逢（páng）劝桀不要太过分了，夏桀大怒，当即把龙逢杀死。百姓们恨透了夏桀，盼他早点死去。

这时，黄河下游有个叫商的部落，畜牧业发展很快，势力渐渐强大。它的首领汤很有本事，又善于选用能人。商的妻子嫁过来时带来一个奴隶叫伊尹，整日服侍商汤，商汤发现他很有见识，就多次同他交谈，原来他是位谋略家，是假装奴隶来与商汤接近的。伊尹向商汤谈了许多治国的谋略，谈得很有水平，商汤就提拔他当自己的助手，终日在自己身边谋事。

当下，商汤和伊尹商量攻打夏桀的策略。伊尹说："夏桀现在还有势力，不忙进兵，我们不妨先停止向他进贡，看看他怎么动作，再进兵不迟。"商汤按伊尹的计谋行事，停止向夏桀进贡。夏桀知道了，大发脾气，立刻命令九夷发兵进攻商汤。伊尹一看夷族还听夏桀的命令，看来还有力量，不是抗击的时候，便赶快向夏桀赔不是，赶快恢复进贡。

与此同时，暗中加紧伐夏的准备。一方面采取优惠政策拉拢周围的部落，扩充自己的势力；一方面广泛揭露夏桀的丑恶，宣传商汤要替天行道，除掉祸害，争取各部落的支持。经过不断的努力，商汤的势力不断增强，声望日益提高，许多部落开始向他靠拢。

又过了一阵子，九夷中的一些部落忍受不了夏王朝的压榨，开始叛离夏桀。伊尹一看时机到了，同商汤谋划向夏桀进攻。他们先召集将士开誓师大会。商汤在会上鼓动说："不是我要叛乱，实在是夏桀作恶多端，上天的意旨要我消灭他，我不敢不听天命啊！"

当时，夏朝的首都在安邑（今山西省夏县）商汤采取大迂回战术，先沿着黄河南岸向西挺进，利用大河作掩护，麻痹夏桀。部队到了潼关附近，突然过到河北岸，攻击安邑的侧翼。夏桀没有准备，慌忙出战。商汤的士兵痛恨夏桀腐败，决心要消灭他，作战非常勇敢。在鸣条（今山西省安邑县）一战就杀得夏兵狼狈逃窜。夏桀一看大势不好，赶紧放弃了安邑，带着部队过黄河，逃往三朡（今山东省荷泽市定陶区）。商汤带兵追到三朡，桀又逃往南巢（今安徽巢湖）。汤在南巢打垮了夏桀，就把他流放在那儿。到这里，夏朝灭亡了，商汤成为中原的共主。

史上第一军谋家伊尹始创军谋

伊尹，生卒不详。本名挚，因曾在商汤时任官阿衡，太甲时任官保衡，所以历史上又称之为阿衡或保衡。伊尹主要活动于夏末商初（公元前16世纪），曾辅佐商汤取得灭夏战争的胜利，他是我国军事史上有记载的第一个军事谋略家。

伊尹为有莘国（今河南省杞县葛岗镇空桑村）人，对他的出身有两种说法：《墨子·尚贤中》认为伊尹是有莘氏的"小臣"，以庖人身份陪嫁有莘氏之女至商；他以割烹为比喻，向汤陈述了取天下的主张，得到汤的赏识，从而被重用为最高辅政大臣。孟轲则认为伊尹本是处士（有才德而隐居不仕），经汤三次聘请，方才出仕。目前通行的说法，一般认为《墨子》之说较为可信。伊尹遂成为商的智囊人物，为灭夏战争的准备与实施、出谋划策，充当了军师的角色。

商族生活在黄河下游的河南、山东一带。至汤为王时，早已进入奴隶社会，实力已逐渐强大。当时夏王桀（帝乙）暴虐荒淫，小贵族及民众都对其不满。汤曾被桀囚于夏台，决心灭夏。伊尹辅佐汤王，争取民众及各邦国诸侯的同情与支持；首先征服了邻近商都的夏属国葛（今河南省宁陵葛伯屯），接着又灭了韦、顾和昆吾三个夏属国。据说共作战11次，都取得了胜利。当伊尹认为时机成熟时，汤和伊尹率战车70乘，敢死之士6000人，联合其他诸侯，向夏都斟寻进攻。在鸣条决战中，大败夏军，夏灭亡。汤在西亳正式建立了商王朝，登上了天子的宝座。

商王任命伊尹为最高的公官阿衡，掌握了王朝的军政大权。汤去世后，伊尹立汤子外丙继位；两年后外丙死，再立外丙之弟仲任；四年后仲任又死，伊尹乃立汤的长孙太甲继位。太甲继位3年，即改变汤和伊尹制订的政策法令，推行暴政。伊尹遂将太甲囚禁于桐，自"摄行政当国"，代理天子之位。据说三年后太甲"悔过、自责、反善，"于是伊尹又把太甲迎回，交还了政权。直到太甲之子沃丁即位后，伊尹才老病死去。

在伊尹之前，我国虽然已经有了1000多年的战争历史，但由于那时用于作战的兵（人）力不多，指挥简单，再加以一切行动听命于天，没有战略可言。商汤想推翻已建立500多年的夏王朝，夺取天下统治权，必须设法改变敌我双方力量的对比，伊尹采取争取人心、用间以及选择战机等各种措施，无一不是谋略的产物。而他之所以能够成为军事谋略家，最根本的原因，是他能冲破天命思想的束缚。当然，并没有、也不可能摆脱天命思想的束缚。他在作战指导上，还蒙有一层迷信色彩。尽管如此，他仍是我国军事史上，第一个依据人心向背影响战争的政治观点，运用谋略指导战争的军事谋略家，对我国军事学发展，作出了重要的贡献。

老太师姜子牙开创中国军学

　　吕尚，生卒不详。原姓姜名望，又名子牙。其先祖起源于宝鸡，后迁居于吕，故改姓为吕。吕尚曾任周初最高军政长官的"太师"职务，被周人尊称为"师尚父"，所以后世称之为吕尚。他是我国军事理论的开创者，对军事，特别是对战略的发展，作出了卓越的贡献，在世界军事史上，应占有一席之位。

　　对吕尚的升迁，有三种说法：一种说吕尚虽有才干，但一直未能得到明主的赏识，直到老年，"闻文王贤，故钓于渭水以观之"，姬昌出猎时遇见吕尚，经过交谈，对吕尚丰富的军、政知识极为赞赏，遂"载与俱归，立为师"。另一种说吕尚博学多闻，曾在商王朝中任官，因纣王无道，才脱离商王朝，最后方归依姬昌。再一种说吕尚为逃避现实，隐居海滨。在姬昌被纣王囚于羑（yǒu）里时，吕尚认为姬昌贤明，遂应聘于周。

　　吕尚进入周统治集团后，就成为领导人物。从军事角度看，他一生的主要活动：文王时期，辅佐姬昌进行灭商战争的准备；武王时期，辅佐姬发进行灭商战争；成王时期，辅佐姬旦（周公）和姬诵巩固西周统治。

　　为准备灭商战争的决战，吕尚一方面制造假象麻痹纣王。首先是伪示恭顺，在周原建立商的宗庙，祭祀商王的先祖，并让商王到周的统治区内进行狩猎；暗中将许多叛离商王朝的小方国联合起来，形成反商大联盟，表面上却由周带头，率领他们共同臣服于商。同时还在国都"为玉门，筑灵台，列侍女，撞钟击鼓"，以造成姬昌沉湎于享乐的假象。一方面"修德行善"争取人心。实行"有亡荒阅"的政策，制定了任何贵族不得收留逃亡奴隶，必须将其归还原奴隶主的法律。争取奴隶主贵族的拥护。实行重视民众生产及生活的政策，以争取平民百姓拥护。废除酷刑，并缩小施刑范围，以争取广大奴隶的拥护。这样，经过几年的经营，周的威望大为提高，附周的小国也更为增多。此后，吕尚即佐姬昌乘商军主力在东之机，首先向西北方向用兵，先后征服了犬戎（今甘、陕一带）和密须（今甘肃灵台西南），然后转向东方，攻占了耆（今山西长治西南）和邗（今河南沁阳西北），接着又灭掉商的亲近属国崇（河南嵩县北）。当周都由岐下东迁至丰（今陕西西安西北），积极准备发动决战进攻时，姬昌去世，姬发继位，即周武王。姬发继位的第二年，举行了一次灭商战争的实兵演习，历史上称之为"观兵孟津"。吕尚以总指挥的身份主持了这次演习。据说当时"不期而会盟津者800诸侯"。当时诸侯们都说"纣可伐矣"。但吕尚认为时机还不成熟，他对姬发说："天道无殃，不可先倡（先发动战争）；人道无灾，不可先谋。必见天殃，又见人灾，乃可以谋。"

不久，整个商统治集团分崩离析，陷于混乱。姬发、吕尚等决定发动灭商的决战进攻。按照当时的传统制度，出兵之前要进行占卜，但占卜的结果，是"龟兆不吉"，而且"风雨暴至"。深信"天命"的贵族公卿们，尽皆恐惧。唯有吕尚坚持仍按原计划发兵，他"强之劝武王，武王于是遂行"。率战车300辆、车兵甲士3000、徒卒45000，并联合庸、蜀、羌、髳、微、卢、彭、濮等各方国的军队，在孟津会合后，向商都朝歌开进。二月初四到达距朝歌70里的牧野（河南省新乡市别称），与前来迎战的商军相遇。两军相对列阵后，周军以300辆战车及3000甲士集中组成战车方队，由吕尚亲自率领，担任前锋突击任务。当时商军人数虽然超过周军，但"皆无战之心"。吕尚率领的战车方队一开始冲击，就出现了"纣师皆倒兵以战，以开武王"的局面。这场决定两个王朝命运的大战，一个早上就结束了，纣王逃回鹿台自焚而死。

周军占领商的中心统治区后，武王派其弟管叔、蔡叔、霍叔三人，分别率军留戍于商地之东、西、北三个方向，以监视商人（史称"三监"）。武王返周都后，不到一年即因病死去，其子姬诵继位，即周成王。但"成王幼弱"，于是"周公践天子之位以治天下"。姬旦的执政，引起了管叔、蔡叔、霍叔的不满，遂联合武庚及东方亲商势力共同反周。周公亲自率军东征，先平定了三监，杀武庚、管叔，流放了蔡叔，废霍叔为庶人，征服了东方各国，稳定了周王朝的统治。

平定东方各国后，成王封吕尚为齐侯，率一部周军统治原薄姑地区，以确实控制东部地区，防止旧商势力叛乱。吕尚到达薄姑后，击退了莱人的进攻，建都于营丘（今山东淄博市临淄区齐都镇），开始建设齐国。他"因其俗，简其礼，通商工之业，便鱼盐之利"，于是"人民多归齐，齐为大国"。

郑庄公开拓进取独创新战术

姬寤生（公元前761年～公元前701年）就是郑庄公，是春秋初期走上争霸道路的第一个诸侯，也是一个敢于打破传统战法的统帅。他的祖父姬友，是周宣王姬静的弟弟，公元前806年分封于郑（陕西华县），即郑国的第一代国君郑桓公。姬友死后，寤生的父亲姬掘突继位为郑武公，重建新的国都，称为新郑（今河南省新郑市）。公元前757年，姬寤生出世，因难产，母武姜饱受痛苦，所以起名寤生（意为倒生），为武姜所厌恶。3年之后，掘突又生一子，名段，为武姜所宠爱。曾请求立段为太子，被掘突拒绝。公元前743年，武公掘突去世，庄公寤生继位。

寤生即位的第二年（公元前743年），武姜要求封段于制（今河南省荥阳市西北汜水），寤生未答应；又要求封段于京（今河南省荥阳市东南），寤生许允了。姬段到京地后，在母亲武姜的支持下，不按制度建都，城垣超过"百雉（墙高一丈，长三百丈）"，阴谋积蓄力量，夺取政权。大夫祭仲曾为此向寤生发出警告，寤生伪装出无所作为的样子，实际上他一面秘密进行武力镇压姬段的准备工作，一面派人监视姬段和武姜，密切注视着他们的一举一动，故意养成其弟之罪，以便彻底除掉他。

姬段至京后，不久即迫使边疆上的西鄙与北鄙二邑听命于他。大夫公子吕认为不能容忍，建议"除之"，寤生以时机未到，不肯行动。姬段见寤生没有反应，又进一步将二邑与延廪（今河南省延津县北）擅自收为私邑。公子吕等再一次建议动手，但寤生仍未采纳。直到姬段将一切战备工作做好，并与武姜定好里应外合袭击郑国国都的计划与日期时，寤生才派公子吕率战车200乘征讨姬段。京城民众临战叛段，姬段被迫退往鄢。至此，郑国才达到了集权中央和巩固统一的目的。

姬寤生加强了国内的统治以后，即着手准备向外扩展，当时名义上属于周王统治的诸侯国，共131个，主要分布在黄河流域和江汉流域。姬寤生采取了远交近攻的战略方针，竭力联合齐、鲁，共同对付邻近的宋、卫。从平定姬段之乱的当年，至寤生去世的21年中，郑国对外作战共18次，主要是以宋、卫为对手。其中11次是进攻别国，7次是别国来攻，大半以上的战斗都取得了胜利。特别是桓王十三年（公元前707年）在繻葛将周桓王姬林亲率的周、蔡、陈、卫联军打败，并射伤姬王，使周天子威信扫地，为大国争霸打开了局面；次年，又出兵援齐，大败北戎。此时姬寤生的图霸事业，达于顶点，成为当时中原地区的最强国家，历史上称为郑庄公小霸。周郑交战，打击了周王的威信，为大国争霸扫清障碍，固然是历史发展的必然趋势，也是各大国诸侯们所私心欢迎的，但在当时具体的历史条件下，却失去了许多小国诸侯们的同情和支持。姬寤生最后也意识到与周王作战可能产生的影响，在桓王姬林受伤后禁止郑将追击；战斗结束后立即派祭足至周营慰问，希图弥补，可惜为时已晚，无法挽回影响。繻葛之战，在军事上姬寤生是胜利了，但在政治上却失败了。周桓王十九年（公元前701年），姬寤生，因病逝世，郑国的实力与威望也随之衰落下来，成为大国图霸的争夺对象。

作为指挥军队作战的军事统帅，姬寤生是一个颇有开拓精神的卓越战术家，他不受传统战术的约束，能根据当时当地的敌我情况，从实际出发，创造新的战术，他最早运用迂回战术，伏击战术和打击敌人弱点的战术，是我国奴隶社会时期推动战术学前进的先驱人物。

改革家管仲率先改革军事

管仲（约公元前730年～公元前645），即管敬仲，名夷吾，字仲。曾辅佐齐桓公建立中原霸权。

管仲出生于颖上，是周王同族姬姓之后，幼年受过学校教育，因家贫青年时曾与知友鲍叔牙在南阳从商。齐襄公时，二人同在齐国公室任侍臣。襄公淫乱暴虐，其两弟避乱出国。管仲随子纠奔鲁，鲍叔牙随小白奔莒。襄公12年（公元前686年），公孙无知杀襄公自立，次年，无知又为大夫雍廪所杀，齐国一时出现无君状态。亲子纠的大夫们，与庄鲁公立盟，约定以子纠为君；亲小白的大夫们，派人至莒送信，让小白速归。鲁国派军护送子纠返齐，并派管仲率兵截击小白。战斗中，小白被管仲射中带钩后佯装死去，管仲误认为真，驰报子纠。护送的鲁军认为小白既死，无人能与子纠争位，遂按正常速度赴齐。小白却昼夜兼程赶回齐国都临淄，在大贵族高氏、国氏拥戴下即位为君，即齐桓公。鲁庄公于当年8月，亲自率军攻齐，鲁军战败。在齐国胁迫下，鲁庄公杀子纠并囚送管仲返齐。小白因射钩之仇，原欲杀管仲。鲍叔牙建议说："君将治齐，即高傒与叔牙足也，君且欲霸、王，非管夷吾不可，夷吾所在国，国重。"小白听从了鲍叔牙的意见，未记旧仇，"厚礼以为大夫"。小白因鲍叔牙随自己多年功高，欲使其为相。鲍叔牙却推荐管仲，说自己在惠民、治国以及统帅军队、指挥作战等五个方面都不如管仲，所以应该让管仲为相。因而，小白又任管仲为相，主持国务。

管仲为小白设计的图霸蓝图，其中心思想，就是必须先富国强兵，然后才能向外发展。小白虽然因信任鲍叔牙而重用管仲，但开始时并未完全相信管仲之言，经过两次军事上的挫折以后，小白才比较清醒、完全接受了管仲的战略方针。经管仲数年的经营，齐国一方面深化国内的各项改革，增强战争实力；一方面灭掉邻近的小国谭、遂等，扩大自己的统治区和战争实力，又数次与诸侯会盟，并于桓公五年（公元前681年）争取与鲁国结盟，齐国在诸侯国中的威望日益增高。至桓公六年齐攻宋时，不仅陈、曹等小国参加，周王也派大夫单父参加，这等于承认了齐桓公的霸主地位。此后，管仲又辅佐桓公小白，高举"尊王攘夷"的旗帜，以战争和会盟等手段，进一步巩固和扩大齐国的霸主地位与控制范围，打了4次大胜仗。公元前649年，戎军进攻周都。次年，小白派管仲至周都作调解人，为周与戎说和。此时，齐桓公的霸权基本上已达高峰。至公元前645年，管仲病死，两年后小白也去世，群子争立，齐国内乱，齐桓公小白与管仲创建的霸业，也随之结束。

春秋是奴隶制瓦解和封建制因素日益增长的过渡时代。管仲是第一个向奴隶制发难，他不仅是政治家，对军事的发展，也作出了相当大的贡献。首先，他将经济因素纳入战略范畴之内，使我国的古代战略学又前进了一步。战争受经济条件的制约，这是自有战争以来就客观存在的，但春秋以前的军事家们，对构成战略基础的政治因素和精神因素，已逐渐有了认识，对经济因素，还没有哪一位军事家，曾经像管仲一样明确，具体地阐述它与战争的内在联系。管仲的这一学说和实践，大大丰富了我国古代战略学的内容。管仲的"尊王攘夷"，是政治口号，也是外交原则，开了以外交手段配合战略的先河。管仲创建的军队编制与地方组织一元化的"寓兵于农"制度和具有职业兵性质的早期世兵制，对我国军事制度的发展，也产生了深远的影响。

晋楚城濮之战

泓水之战以后，晋文公帮助周王室平定了内乱，周襄王赏了他四座城池和大片土地，晋在各诸侯国中威信一天天高起来。在泓水被楚打败的宋也不再归顺楚国了，转而投靠晋国。

楚国对宋离楚投晋非常不满，便于公元前634年派大将子玉和子西率兵征伐。头一年没攻下来，第二年又联合陈、蔡、郑、许四国一起攻打宋国。

宋向晋求援，晋国一些大臣认为晋国称霸的条件已经成熟，极力主张出兵。大将先轸（zhěn）说："报答宋国赠马之恩（晋文公流亡时曾到过宋国，宋襄公送他80匹马），解救宋被围之难，在诸侯中树立威信，就在这次战争了。"晋文公的舅舅狐偃进一步提出了救宋的方案。他说："楚国刚刚得曹国的归附，新近又同卫国结为儿女亲家。我们出兵去打曹、卫两个小国，楚军一定会去援救。这样，宋国之围就可以解除了。"

公元前632年，晋国出兵先攻下卫国，又包围了曹的国都。曹军猛烈抵抗，晋军伤亡甚多。曹人把晋军的尸体摆在城墙上，让晋军看，想以此消磨晋军的士气，这使晋文公很伤脑筋。有的士兵建议说："曹兵暴我军的尸体，我们占他们的祖坟，扬言掘他们的坟墓，曹兵必然慌乱，我们就乘机攻进城去！"晋文公采纳了这个建议，晋军开进了曹人坟地，曹军见了，果然大乱。为了使晋军不挖他们的祖坟，他们赶快把晋军的尸体用棺木装好，送出城来。晋军抓住这个时机，猛烈冲击，顺利攻入曹国都城。

　　晋军攻打卫、曹原是为了解宋国之围的。想不到，攻下了卫、曹，楚兵仍旧围宋不放。这可怎么好呢？还是先轸有办法。他说："可以让宋用财货去贿赂齐、秦两个大诸侯国，让齐、秦出面调解，劝楚退兵。楚要不退兵就得罪了齐、秦，齐、秦就能和我们一起对付楚国。我们的力量就大了。"

　　晋文公同意照计而行。齐、秦出面劝和，楚将子玉不但不退兵，反发兵到晋军驻地附近，要与晋军决一死战。晋文公见楚军逼近，立刻命令晋军后退90里。为什么要后撤呢？晋军将士很不理解。原来，晋文公流亡楚国时，楚成王曾以礼相待。宴席上，文公曾说："如果有一天晋军与楚军交战，他一定先'退避三舍'（每舍30里），以示报答。"现在两军真的碰上了，晋文公认真兑现了自己的诺言。这一着既取信于民，又取信于兵，大大鼓舞了晋军的士气。

　　晋军主动撤退了90里，在卫国的城濮（今山东鄄城西南临濮集）驻扎下来。这时，宋成公、秦穆公的儿子子愁（yín）和齐国大夫国归父、崔夭，也率兵来助战。

　　楚将子玉不知真情，还以为晋军怕战而退，便率兵赶上晋军扎下营盘，准备同晋军决战。

　　晋军用战车700辆、士兵52500人布好了阵势。晋文公登上高处检阅全军，看到士兵纪律严明，井井有条，心中高兴。又吩咐士兵多砍树木，作为补充武器。

　　楚将子玉把自己的军队分为三路：左路由子西率领，右路由子上率领，中路是主力，由子玉亲自指挥。子玉过高地估计自己的力量，夸口说："看吧，今天晋军就要完蛋！"

　　战鼓敲起，晋文公命下军副将胥臣率一支部队，首先向楚军右路进攻。胥臣命部下把战马都披上"虎皮"，佯作猛虎，冲进楚军阵地。楚军的战马见群虎冲来，吓得魂不附体，有的伏下不敢动了，有的四处奔跑逃命，士兵们无法控制，也纷纷落荒而逃。就这样，只一会儿工夫楚军右路就崩溃了。

接着，晋文公又命大将狐毛假充主帅，打起两面只有主帅才用的大旗，佯作退兵。这时，下军主将栾枝命士兵用战车拖着树枝向后撤退，路上扬起滚滚尘烟，假装逃跑。楚军见晋军"主帅逃跑"，不知是计，穷追不舍。这时，先轸指挥中军，从侧翼拦腰向楚军冲杀；狐毛率军从另一侧夹攻子西。时间不长，楚军左路也崩溃了。幸亏主帅子玉发现中计，跑得快，不然就全军覆没了。

城濮之战是春秋最大一次战争。晋军虽没有楚军强大，但晋文公善用人才，谋将屡出良策，文公一一采纳，终获大胜，各诸侯国纷纷投向晋国怀抱，确立了晋国的霸主地位。

大元帅先轸知兵善谋

先轸（？～公元前627年），春秋晋国人。因食邑于原（今河南济源北），故又名原轸。是我国春秋时期在战略战术上都有一定成就的著名军事将领。《夏秋分纪世谱》说，先轸是晋贵族先丹术之子。他知兵善谋，颇有军事才干。献公时为太子重耳近臣。公元前656年，晋国发生骊姬陷害太子申生事件，重耳为避难逃离晋国，先轸与狐偃等一批近臣，跟随重耳流亡国外，最后在秦定居。公元前637年9月，惠公夷吾去世，晋政局发生动乱。重耳在秦军护送下，于次年初返晋即位为君，即晋文公。先轸也随重耳回国。次年2月，被越级升任为中军元帅，统率三军。公元前628年冬，重耳去世，其子姬骧继位为君，即晋襄公。次年4月，先轸率军与秦进行了崤山之战，全歼秦军，俘其三帅。因姬骧将三帅释放回秦，先轸于气愤之中斥责了姬骧、并当面唾地。后即自悔对君无礼，在当年8月与狄军作战时，故意免去头盔，冲入敌阵，战死军中。

重耳复国之初，楚成王出兵包围了宋都商丘。宋向晋告急。晋是否援宋，就成为当时能否建立霸权的关键问题。如不出兵救援，则不仅失去宋国，也将失去其他小国对晋的信赖；如出兵援救，当时楚国实力较晋为强，且有曹、卫两个楚的盟国隔于中间，劳师远征，困难甚多。因而，重耳犹豫，定不下决心。先轸向重耳分析援宋的重要意义说：报答宋国在你流亡时对你所施的恩惠，解救宋国因背楚附晋而遭到的患难，树立晋国在诸侯心目中的威信，奠定晋国建立中原霸权的基础，全部在此一举。重耳遂下决心，出兵援宋。

晋文公5年（公元前632年），重耳率军南渡黄河，进攻卫、曹。用先轸之谋，首先攻占卫五鹿（今河南省濮阳市南）为前进基地，向齐军靠拢，以威胁不久前占领齐地谷邑（今山东省东阳市南）的楚军侧背。这时晋中军元帅郤縠病死，重耳升任先轸为中军元帅，指挥全军。先轸任统帅后，先败卫军，再破曹都陶丘（今山东省荷泽市定陶区南），并迫使驻谷邑的楚军撤退回国。但楚军仍继续围攻商丘，宋再次向晋求援。轸向重耳建议：让宋国准备送晋的重礼分送秦、齐，请其出面调解，劝楚撤兵；但仍扣留曹共公不放，并将曹、卫部分土地割赐给宋。曹为楚新得盟国，卫与楚有亲戚关系，楚为此必不肯同意撤兵。秦、齐国君，既喜宋之财物，又怒楚之拒绝，自然将与我通力合作，共同击楚。重耳采纳了先轸的建议。果然不出所料，秦、齐两国均在调解被拒之后出兵助晋，使总的战略形势转化为对晋有利。

城濮之战开始，楚右军陈、蔡所部，在晋下军前队猛烈冲击和心理威慑下，人、马均惊惶失措，迅速溃败；楚左军申、息部队，为晋上军前队的佯退所欺骗，被诱发起追击。当接近晋上军后队时，已形成孤军突击，翼侧暴露。先轸及时指挥中军主力的精锐部队侧击突出的楚左军，同时令上军后队投入战斗，与前队合力反击。在晋上、中两军的夹击下，楚左军也迅速被歼。

公元前628年，郑文公姬捷和晋文公姬重耳先后去世。秦国乘机派孟明视率军潜越晋境，偷袭郑国。但因途遇郑商人弦高，被郑发现，知郑有备，遂灭滑（今河南省洛阳市偃师区东南）而还。先轸认为秦是晋争霸中原的潜在敌人，这次劳师远征，力主出兵歼灭秦军。于是先轸下令出兵，并联合姜戎（晋边境小国），在秦军返国必经的崤山（今河南省三门峡市陕州区）设伏以待。秦军疏于戒备，中伏被歼，统军三帅也被俘虏，"无一人得脱者"。这是我国军事史上第一个干净、漂亮的伏击歼灭战战例。

晋楚邲之战

楚国本是南方的大国，物产丰富，兵源充足。城濮之战后的几年中，窦趁秦晋争斗之时，再次向中原发兵，先吞并了南部的江、六、蓼等小国。后又将郑、陈、蔡、宋等国降服。这样，楚国的势力又弥漫到中原。称霸一时的晋国再也看不下去了，公元613年趁楚庄王即位地位不稳的时机，把几个一向归附楚国的国家又拉过去，订立盟约。楚国的大臣们很不服气，一个个都来要求楚庄王出兵与晋国争夺一番。

然而，说不说的，楚庄王像没听见似的，白天只顾打猎，晚上喝酒作乐，什么出兵呀，争霸呀，全不管。还下了一道命令：谁要是敢劝谏，就判谁死罪。吓得大臣们都不敢说话了。楚庄王很失望，他想难道就没有不怕死的大臣吗？

一天，大臣伍举来见，正在寻欢作乐地楚庄王不耐烦地问："你来干什么？"伍举壮着胆子说："有人给我出了个谜语，我猜不出，大王是最聪明的人，想请您猜一猜！"楚庄王说："什么？猜谜？怪有意思的，说说吧。"伍举说："楚国山上，有只大鸟，身披五色，真叫荣耀。一停三年，不飞不叫；人人不知，是什么鸟？"楚庄王一听，明白伍举说的是谁，就说："这可不是普通的鸟，这种鸟，不飞则已，一飞冲天；不鸣则已，一鸣惊人！你别急，回去吧。"

时间过了一天又一天，也不见那楚庄王这只"大鸟"有什么惊人的举动。大臣苏从又去见楚庄王，一见面就哭了起来，楚庄王沉下脸说："你明知道我已下了令，你还要来找死，你也太笨了！"苏从说："可大王比我还笨呐！我顶多让您杀了，死了还留下个忠臣的美名。您呐，当了国王只知眼前快乐，不知怎样管理自己的臣下，不知怎么号令诸侯。人家在那边做霸主，您连自己的属国都管不住。您不是比我笨吗？我的话说完了，请把我杀了吧！"楚庄王激动地站起来说："你说得对！只要你们肯干，我才不愿当窝窝囊囊的大王呢？"打这儿，大臣们都明白了，原来楚庄王不是真腐败，他是考验人才。

从此，楚庄王决心改革政治，把一批奉承拍马的人撤掉，把敢于进谏的伍举、苏从提拔起来，帮助他处理大事。又请来隐士孙叔敖当令尹（相当于相的地位）。没几年工夫，楚国就强大起来。

公元前597年，楚庄王以郑国降晋叛楚为名，发兵包围了郑国的都城，足足打了三个月才打下来。晋国一看楚军打下郑国都城，着了急，派大将荀林父率兵救郑。等到晋兵开到黄河北岸的温县时，听说郑已和楚讲和了。荀林父认为郑既降楚，就没有救郑的必要了，不如等楚军撤了以后再伐郑，再恢复对郑的控制。可是，中军佐将先反对这个意见，他认为"大军既已开来了，听说敌军强大就退回，不是大丈夫"于是，不听主帅的命令，擅自率兵渡过黄河。荀林父怕先谷单兵出动有闪失，听了司马韩厥的劝告，率领大军随后渡过黄河，在邲地（衡雍西南）背靠黄河布阵。

这时，楚军派来使节假意求和说："楚军这次行动，只是为了抚定郑国，并不敢得罪晋国，请晋军不要动，以麻痹晋军。荀林父本不愿意渡河打仗，见楚军求和，立刻就答应了。

没想到，就在这时，楚军的小部队已向晋军发起袭扰。晋将魏锜、赵旃与荀林父不和，想立个头功给荀看看，不经请示便与楚军交锋。荀林父怕他们吃亏，便派许多兵车去接应。

这时，楚令尹孙叔敖已布好阵，见晋军来迎，就向晋军发起猛攻。先灭了晋军魏锜、赵旃的部队，又灭了接应他们的兵车。荀林父还在营中幻想楚军前来讲和呢，楚军已像潮水似的涌到近前。荀慌了手脚，忙命令全军过河躲避。并大喊："先过河的有赏！"晋军顿时大乱，一齐涌向河边，争抢渡船。挤不上船的，纷纷跳入河中，用手扶着船帮泅水，船儿全被抓住了，动也动不了。在船上的士兵急于脱逃，便挥刀乱砍，断手断指纷纷落入河中，河水变红，惨不忍睹。

有人劝楚庄王派兵追上去，把晋军赶尽杀绝。楚庄王说："打了胜仗就行了，何必杀那么多人呢？"打这以后，这位一鸣惊人的"大鸟"成了霸主。

晋楚鄢陵之战

晋国在麻隧之战打败秦国后，就时刻准备打楚国。但是，楚国在南方，离晋较远，它便寻找机会，把楚军引到北方来打。

公元前577年，郑国攻打许国，楚和许是盟国，便出兵援许。郑国很狡猾，派兵截断了楚的后路，逼得楚军不敢再战，撤回了楚国。楚国为拉拢郑国，主动把自己的一块土地割给郑国。郑国便叛晋附楚，并趾高气扬地把自己看成强国了，出兵攻打晋国的附属国宋国。晋国看到郑国附楚，自己少了一个友邻，如果它再打败宋，宋再附楚，那将大大加强楚国的力量，对自己更不利了。于是，晋出兵伐郑救宋。楚国也出兵北上援郑。

公元前575年4月，晋厉公率兵车500多乘，将士5万多人，渡过黄河向鄢陵（今河南鄢陵）急进，同时让他的附属国齐、鲁、宋、卫也出兵来会师。晋厉公认为鄢陵无山川相阻，四通八达，便于展开作战。

这时，楚共王亲自统率全军，连同郑成公带的郑军，共有兵车530乘，将士9万多人，也朝鄢陵开来。楚军大将子反想在晋国的友军到来之前，抢先交战，以优势兵力消灭晋军，就在晋军跟前列阵。

这时，晋国的4家友军都在路上，还没到达，晋军感到兵力不足，又被楚军所逼，没有地方布阵。晋将匄于建议，填塞水井，平毁灶台，就在宿营地列阵。元帅栾书立即采纳了这个建议，准备固垒防守。可是，晋将郤至分析楚军的弱点，认为"楚军元帅间不和，老兵颇多，阵容混乱，没有斗志"，应当趁他们没站稳脚跟时就发动进攻。晋厉公认为此说有理便立刻发动进攻。

这时，晋厉公登上高台瞭望楚军阵势，从楚国叛逃到晋的苗贲皇对晋厉公说："楚军的精锐在中军王卒，不好打。如果用我军的精锐先攻楚军的左右，然后在集中三军合攻王卒，必能取胜。"晋厉公采纳了他的建议，开始从两侧向楚军发起进攻。

不料，刚刚发起进攻，晋厉公坐的战车就陷在泥潭里，元帅栾书着了急，要换下自己的战车让晋厉公坐。栾书的儿子栾铖忙来阻挠说："你负责全军的指挥，且不可误了大事，赶快离开！"栾书离开泥潭，加紧督促全军进攻。这时，楚共王在战车上见到晋厉公的战车陷入泥里，急忙率兵来捉拿。还没等楚共王来到近前，晋将魏锜一箭射中了楚共王左眼，楚共王顾不得来捉晋厉王，掩面后退。刚巧这时晋厉王的战车也挣脱出来，下令一起追拿楚共王。楚军听说大王负伤，人心惶恐，军心大乱。这时晋军从东面攻来，楚军以为晋国的友军已到，慌忙逃跑，直逃到颍水北岸才站住脚。

这天晚上，楚军元帅子反心情不好，多喝了几杯酒，就睡下了。楚共王派人招子反商量明天的仗怎么打法，子反醉如烂泥，无法参加会议了。楚共王一看元帅都成了这个样子，还怎么能打胜仗，连夜撤军南走。

第二天，晋军开进楚营，大吃大嚼楚军丢下的粮食和肉菜，一连吃了三天，才胜利归来。到这时候，诸侯之军只有齐军刚刚到达，其他国家的军队连个影还没见到哩，可战争已胜利结束了。

大司马穰苴从严治军

司马穰苴（生卒年月不详）姓田名穰苴，春秋时期齐国人，齐景公时掌管军事的大司马，所以后人称他为司马穰苴。他是齐国大夫田完的后代，是我国早期的军事家。相传他著有《司马兵法》。他的活动年代始于公元前531年，处于春秋后半期。春秋是我国历史上急剧转变的时代，东周王室衰微，无力控制全国，一些较大诸侯，争夺土地、人口，相互交攻，互相侵吞，司马穰苴所在的齐国，是当时的东方大国，经济文化均较发达。这一特定的时代和国度，为司马穰苴展现军事才华，提供了有利的客观历史环境。

公元前531年，晋国派军侵入齐国的阿（今山东省东阿县）甄（今山东省甄城县）地区，燕国军队也同时乘隙攻入齐国河上（故黄河南岸地区）之地，齐国守军屡屡败退，齐景公深为忧虑。当时担任相国的晏婴，对穰苴的军事才能很了解，特向齐景公推荐。晏婴说："穰苴虽然沦于民间，但很有才能，长于谋划，熟知兵法，如果任用他为将，是不会辱没使命的。"齐景公立即召见了司马穰苴。穰苴在军事上的杰出见解，赢得了齐景公的赞赏，于是就让他当大将，命他率军抵御晋国和燕国的军队。穰苴说："我本来是个普通百姓，承大王看重，一下子当了大将，恐怕士兵未必能够服从，俗话说'人微权轻'嘛！所以，我希望大王派一个有众望的大臣做监军。"齐景公接受了请求，指定在身旁的亲信大夫庄贾做监军。

辞别齐景公，穰苴对庄贾说："明天就要点兵出发，请监军中午准时在军营会齐。"第二天，穰苴提前来到军营，叫军士立起标杆，用以测量太阳的影子，记录时刻，然后步入军帐，等候庄贾。庄贾是齐景公十分宠信的权臣，素来骄横，这会儿只顾跟为他送行的同僚、亲友饮酒行乐，根本没把集合报到的命令放在眼里。日到中午，穰苴按时出帐点军，申明军规纪律。直到夕阳西下，庄贾才坐车缓慢而来。司马穰苴指问庄贾为什么不按时报到，庄贾回答说："因为亲友送别，故而来迟。"司马穰苴严肃地说："身为将帅的，一旦受命许国，就应当忘其家；闻战鼓，战疆场，就应当舍其身。现在，敌军入境，大敌当前，士卒奋死困守边疆，担负保国救民的重大责任的我们，怎么还有闲工夫同亲友饮酒相送呢！"庄贾听了这义正词严的诘问，无言可对。司马穰苴于是召问军法官："按照军法，不按时报到的将士应该怎么处理？"回答说："当斩"。听说当斩，庄贾惊恐万分，慌急派人驰报齐景公，请求救援。派去报信的人还未返回，庄贾已被斩首示众。过了一会儿，齐景公派人带着他的赦免命令来救庄贾，由于事急，来者竟驱车直入军中。司马穰苴问军法官："在军营里驾车横冲直撞的，应当如何处理？"回答说："当斩。"来使大惧，恳求饶命。穰苴说："既是国君派来的使者，可以不杀，但必须执行军纪。"于是命令军士把车拆了，把马砍了，作替代。三军将士无不惊惧，再也没有违犯军纪的了。

经过整军之后，齐军面貌立刻发生了变化，成了纪律严明，军容整肃，令行禁止，悉听约束的能战之师。然后，他立即率师出发，奔赴前敌。在军旅之中，穰苴身先士卒，与将士同甘苦，共命运，亲自察看军士住宿之所，与将士吃同样伙食，对有病的亲自问医问药，将自己应享受的资粮全部分给将士。这样，司马穰苴很快就取得了将士们的信任，赢得了将士们的拥戴，皆愿争出赴战，效死从命。还没等穰苴跟晋军、燕军接战，晋国与燕国的将领听说齐军将贤兵勇，纪律严明，都慌忙率兵退走。穰苴率齐军乘势追击，歼灭一部分敌军，全部收复了已失去的齐国城邑和土地。晋与燕只得与齐求和通好。穰苴率胜利之师返回齐都，被任命大司马。

大约在他死后150年，齐威王命人整理兵法，仍将穰苴的遗著附在其中，并且司马穰苴这个名字定为兵法之称，使之长久的传于后世。

吴楚鸡父之战

吴国跟楚国两家，自公元前 584 年吴王寿梦进攻楚国东方重镇州来起，到公元前 525 年吴王僚命公子光率舟师在长岸击败楚舟师止，前后打了 60 年。两国都已疲惫不堪，好几年不打仗了。

到了公元前 523 年，楚国发兵夺回曾被吴军占去的州来，并在那儿构筑工事。吴国不甘心州来被楚军夺回去，更想再多占一些地盘，吴王僚便率公子光再来夺取州来。

楚平王听说吴军攻州来，立即征集顿、胡、沈、蔡、陈、许六小国的军队，于公元前 519 年 7 月跟楚军会师于鸡父（今河南固始县东南鸡备亭），准备去救州来。鸡父在大别山西北麓，是楚国军事重镇。楚国那些附属小国都在鸡父周围，楚国在这里对付吴国，比较方便，进可攻，退可守。

那阵子，楚国令尹阳匄正在患病，带病领兵到鸡父同各诸侯之军相会。结果由于行军劳顿，病情越来越重，只好由楚国司马蒍越代他指挥，率楚军和诸侯之军会师后向州来前进。吴国公子光见楚军和诸侯军浩浩荡荡开来，觉得吴军太少，不是楚军的对手，便主动撤出对州来的包围，把兵撤到钟离驻扎了下来。不久，楚令尹阳匄病死军中，楚军与各诸侯军情绪沮丧。代理元帅蒍越威信不高，指挥不了各军。于是，楚军和诸侯军不战而退。

吴公子光见楚军退走，知道其中缘故，便率兵追来。楚军和诸侯军退到鸡父，认为吴军不会穷追不舍，就驻下来休整。吴公子光对吴王僚说："跟随楚国来战的小国，力量很小，又都是被迫而来的。如今，楚帅阳匄已死，蓮越很难指挥联军，楚军中一些老将也不愿听蓮越的。七国联军同战不同心，他们兵力虽多，不难打败。"

吴王僚同意公子光的看法，决定先选胡、沈、陈3个弱小国家的军队为进攻目标，发起攻击。吴军到达鸡父刚一驻扎下，第二天是个"晦日"，日月无光，自古兵家最忌"晦日"，一般都不出兵，怕不吉利。公子光却偏偏选中了这个日子进攻，为的是出敌不意。

楚军代帅蓮越正在军中休息，又赶上"晦日"，他认为吴军说什么也不能在这一天进攻。想不到，吴军真的在这一天攻来了。慌忙之中他命6个小诸侯的军队打前阵，楚军殿后。吴军按照公子光的部署，以3000罪犯打前阵，直取胡、沈、陈三国之军，罪犯都没受过军训，一交兵就乱成了一团，直往回逃。三国之军见"吴军"后退，奋勇追击。这一追不要紧，就落进了吴军的埋伏圈。这时，公子光率右军，公子掩率左军，吴王僚率中军，从三面包围了三国之军。

三国之军大败，胡、沈两国的国君当了俘虏，陈国的国君没来，大夫夏替他被擒。吴军把3个人当场杀死，而让三国的士兵四处乱跑。一边跑一边叫喊他们的"国君被杀了！"。"大夫被杀了！"许、蔡、顿3个小国之军，见了这个阵势，也不打自乱了，东奔西跑，乱成一片。开始，楚军见了三国之军把吴军的"先头部队"（罪犯）打散，还以为形势大好，忽见6个诸侯国的军队漫山遍野地跑回来，什么阵也摆不成了，也只好随着乱军往后撤。结果，吴军大获全胜。

吴破楚入郢之战

春秋初期，地处长江下游的吴国还是楚国的属国。后来，吴国跟晋国好起来，甩了楚国。楚国不高兴，吴国又不服，两国经常发生争战，楚国越来越衰落，连大臣伍子胥、伯嚭都投奔了吴国。

公元前512年，吴王阖闾打算发兵灭楚。大将孙武说：“现在就打，太费劲，不如等他疲劳了再打，就省劲了。”伍子胥进一步提出疲劳楚军的办法：让吴王把吴军分成三军，每次派一军轮流去袭击楚军，打一下就撤回来，使楚军不得安宁。阖闾采纳了这个建议，吴军到处袭击楚军，忽南忽北，忽早忽晚，折腾了6年，使楚军疲于奔命，士气沮丧，为吴军进攻创造了条件。

公元前506年，蔡国昭侯从晋国返回途中遭楚军攻击，蔡向吴求救。吴王阖闾对伍子胥和孙武说：“从前你们说进攻楚国不是时候，那么现在行不行？”二人回答说：“楚国令尹子常非常贪婪，为向唐、蔡两国国君勒索佩玉和裘皮衣，扣押过他们，他们心里非常仇恨子常，所以我们要打楚军可先联合唐、蔡两国。”吴王立刻派人联合两国的军队。

接着，吴王亲率他弟弟夫概，以孙武为主将，伍子胥、伯嚭为副将，带3万人马，进攻楚国。吴军先由水路沿淮河向西挺进，过了州来，把船只留在淮河，改由陆路沿淮河南岸进军。吴军以唐、蔡两国的部队作先锋，以最快的速度通过了楚国的大队、直辕、冥阨3个关隘，直向汉水进发。原来，楚军毫无准备，吴军到了汉水了，楚军才开向汉水，隔江对阵。

这时，楚军左司马沈尹戍向统帅令尹子常建议说："你隔着汉水跟吴军周旋，我带兵赶到吴军后方，把他们的船毁了，把三关堵住，断他们的回路。这时你再带兵过汉水，从正面进攻，我从侧面袭击，这样一定能取胜。"子常刚刚同意了沈尹戍的建议，已开始行动了。武城大夫黑又向子常提出，"吴军是乘船来的，多是水军，我军战车多，慢战不如快战。"大夫史皇也说："若按沈尹戍的办法打，功劳都归了沈，不如这边快打，不让沈独得战功。"子常听了这两个家伙的话，改变了原定谋略，单独渡过汉水，向吴军开战。吴楚两军在小别山、大别山连打了三仗，由于吴军士气高昂，楚军没有占着便宜，便想撤退。大夫史皇说："逃跑是没有出路的，不如跟吴军决战一场，也可解脱自己的罪过。"

11月19日，子常率楚军退到柏举地区。吴军很快也追来，两军列开了决战的阵势。吴王的弟弟夫概对吴王说："子常这个人腐败透顶，没有人愿意替他送死。我去打先锋，一定能取胜。"夫概是初次参战，吴王没有答应他的请求。然而，夫概不等吴王同意，带着自己的5000人马发起进攻。吴军士气旺盛，楚兵精神不振，只一阵冲杀，楚阵就乱套了。吴王一看夫概真打上了，只好马上参战，两下一夹击，楚军溃不成军，楚将逌射被俘，史皇战死，子常畏罪逃往郑国。

柏举之战后，残余楚军纷纷向西溃逃，吴军乘胜追击，追到发水，追上了楚军，吴王正要下令追杀，弟弟夫概劝阻说："被困的野兽会拼命搏斗的，我们不要以死相拼，让他们渡河，等他们渡到一半时一举歼灭它。"吴王高兴地采纳了夫概的意见，楚军惨败。

这时，楚军左司马沈尹戍听说楚军主力失败，急忙从三隘口率兵回救子常，他们在雍澨追上吴军，立刻展开猛烈攻势，战斗虽说打得不错，但沈尹戍连负重伤，不能指挥作战了，他的部队最终也归于失败。

吴军乘胜前进，连打五个大胜仗，于11月19日占领了楚国都城郢，楚昭王鞋底抹油溜到隋国去了。

吴军入楚以后，大肆抢掠，遭到楚人的反对。楚国大夫申包胥借来秦军向吴军反攻，多次取得胜利，吴军内部发生内讧，吴王阖闾不得不于公元前505年9月撤兵回国。

三国分晋之战

经过春秋时期的长期争霸战争，原来一向称霸的晋国，此时已被国内有势力的大夫分割成若干小国了。又经过互相攻打、兼并，最后剩下了智、赵、魏、韩四家，晋国的土地和人民实际上都落在这四家大夫手里了。

在这四家（智伯瑶、赵襄子、魏桓子、韩康子）之中，智伯瑶势力最大，他想先夺取晋国国王的位置，再打败正在称霸的越国，自己称霸中原。他对赵、魏、韩三位大夫说："我们每家拿出100里的土地和户口归公家，公家实力强大了，兵丁增加了，打败越国，就能重新当上霸主。"这三家大夫早就知道智伯瑶想独吞晋国。他说的土地户口归公家，就是归他智家。可是他们三家心不齐，谁也不想跟智家斗。

不久，智伯瑶派人要地，韩康子、魏桓子都交出来了，只有赵襄子不交。智伯瑶气急败坏，发动韩、魏两家和他一起出兵，去攻打赵家，说灭了赵家以后，三家平分赵家的土地和户口。

公元前455年，智伯瑶率领三军直奔赵家。赵襄子不敢硬打，就带着兵马退进晋阳（今山西省太原市晋阳区），死守不出。反正城里兵多粮足，够用一阵子的了。

三家的兵马来攻城，赵家军就在城上放箭，箭如雨下，三家攻了多次都攻不进去。有一天，忽然部下来报"箭用完了，怎么办？"赵襄子听到这话像挨了一箭，一下仰在座位上。这时，谋士张孟谈走过来说："听说家臣董安当年建造咱这座宫殿时藏下了许多弓箭，咱们不妨去找一找。"一句话提醒了赵襄子，他赶忙派人去找，果然在围墙里找到了大量做箭的材料。又把宫殿铜柱拆几根做箭头。这样，制出的箭几年也用不完。

三家的人马把晋阳围了两年，晋阳城纹丝没动。一天，智伯瑶在城外察看地形，走到晋水岸边，他灵机一动来了主意："何不用晋水淹晋阳城！"于是，他命令士兵在晋水上修一条坝，使水位增高，在坝旁向晋阳城挖一条沟，运用高水位向处在低洼处的晋阳城放水。大水一放，不到两天工夫，城内的房子都被水泡上了，老百姓只好逃到房顶上和高地上避水，可是，军民一心宁可淹死决不投降。

这时谋士张孟谈跟赵襄子说："我总觉得韩和魏不会情愿把土地割给智家，他们一定是不得已的，我想去联合韩、魏，跟智拼个死活。"赵襄子当天晚就派张孟谈偷偷去跟韩康子和魏桓子联系，结果，他们都同意联合抗智，只有智伯瑶被蒙在鼓里。

过了一天，智伯瑶命令韩康子和魏桓子同他一起察看水情。他指着被大水淹着的晋阳城说："用不着交战，我能叫这条晋水消灭赵家。看来，晋水能淹晋阳，汾水就能淹安邑（魏的大城），绛水就能淹平阳（韩的大城）。是不是？哈哈哈！"韩康子、魏醒子连连答；"是，是，是！您是顶天立地的英雄！"智伯瑶哪里知道他们早已同赵襄子联系好，就要跟他智伯瑶开战了。

第三天晚上，智伯瑶正在大营里睡觉，猛昕到一片喊杀声。他一翻身爬起来，见自己的大帐里全是水，东西都漂了起来。家臣豫让把智伯瑶扶上小船划出去，月光下只见士兵们在水中挣扎。智伯瑶才明白是敌人放水淹了他们。这时，韩、魏、赵三家的将士乘着小船、木筏杀了过来，见了智家兵就砍，一个也不放过。还大喊"抓住智伯瑶有赏！"

智家军保护着智伯瑶冲出重围，坐小船向龙山划去。这一阵子他们没有碰上三家军，心中暗暗高兴。还没等高兴够呢，一拐弯就碰上了赵襄子，原来赵家军已料到智家逃兵必从此过。赵家军正要逮住智伯瑶，只见他已自己抹脖子自杀了。

　　三家灭了智，不仅收回了原来割去的土地，把智的土地和人口也平分了。下一步就该找机会分晋国的土地了。

　　公元前438年，晋的国君晋哀公死了，他儿子幽公即位。韩康子、魏桓子、赵襄子借这个机会就把晋国土地、人口给平分了，只给幽公留下了绛州和曲沃两个地方。这样，韩、魏、赵形成了"三晋"平分秋色，各自独立，原来统一的晋不复存在了。晋幽公成了弃儿，反倒要去一家一家的朝见"三晋"了。

越王勾践灭吴之战

公元前505年，吴国军队攻进了楚国国都郢，正在那儿兴高采烈地庆祝胜利呐，这一边，越国国王允常见吴国的兵马都开到楚国去了，国内空虚得很，便出兵偷偷占领了吴国都城姑苏（今苏州）。吴国国王阖闾听闻都城被占的消息，立刻率兵回国。越王允常自知打不过吴军，带着胜利果实逃回了越国。从此，吴越两家记了仇。

公元前496年，越王允常病死，儿子勾践继承了王位。吴王阖闾为报9年前越国侵吴之仇，乘允常之丧，发兵攻打越国。双方在槜李（今浙江嘉兴西南）接火。勾践看到吴军阵容严整不易攻破，便组织敢死队拼命冲锋，几次进击，都被吴军打回。勾践又逼着罪犯排成队，一起持剑到吴军阵前。罪犯不会打仗，对吴军说："吴、越两国交兵。我们这些罪犯也被逼了上来，怎么的都是个死，就死在你们面前算了！"说着就有几人拔刀自刎。吴军将士没见过这阵势，都感到奇怪，一个个争着到前面来看，这一看不要紧，吴军的阵势乱成了一片。越军乘机发动进攻，把吴军打得丢盔卸甲。吴王阖闾也受了重伤，不久死去。他临死不闭眼睛，盯着儿子夫差，告诉他"千万不要忘报这个仇！"

夫差牢记越国杀父之仇，努力练兵，准备攻越。越王勾践知道这个情况，不等夫差准备好，就先动了手。公元前494年，勾践不听范蠡的劝阻，亲自率水师开往太湖。夫差得到情报后，带领全部舟师，迎战于夫椒。吴王夫差和伍子胥、伯嚭亲临前线指挥作战，吴军士气高昂，作战勇猛，把越军打得落花流水。越王勾践仅带5000人仓皇逃走，跑到会稽山藏了起来。吴军追来，占领了越国都城会稽。

越王勾践在生死关头，听从范蠡的意见，一方面派文种向吴王求和，一方面以美女和财宝贿赂吴国伯嚭，让他说服吴王接纳越国为属国。吴王被伯嚭说服，同意越国臣服。以伍子胥为首的一派反对媾和没有成功。

吴越媾和以后，越王勾践到吴国当奴仆，每天在吴王夫差身边，顺从地侍候吴王。3年后，吴王相信了他，把他放回越国。勾践回国后，表面上仍然老实地孝敬吴王，时常向他送厚礼，送美女，麻痹吴王，让他消除戒心。暗地里却加紧笼络人才，训练军队，准备对吴国进行报复。

吴王夫差得胜后，越来越不把邻国放在眼里，先后打败了齐国、鲁国，他更加骄傲了。公元前482年，不听伍子胥劝告，亲率3万人马到黄池去会晋定公，家里只留下老将残兵。越王勾践一看报仇的时机到了，率49000人直奔吴国都城。吴国太子友忙率兵到泓水堵截越军，等候吴王回师再战。但是，部将孙弥庸不听命令，自己带5000人出战，开头一仗倒也打得挺好，还抓到了越军两位战将。可是，等勾践率主力军一到，一阵猛打，吴军就抗不住了，逃跑都跑不及了，连太子友也当了俘虏。越军乘胜前进，第二天就占领了吴国都城姑苏。

吴王夫差在黄池听到这一消息，争到的霸主地位也坐不住了，急忙率兵返回。等到吴军长途跋涉赶回来，一个个都已精疲力尽。吴王看到部队已无力战斗，忙向越王求和。勾践明知硬打不是好办法，同意讲和，撤军回国。

公元前478年，吴国大旱，粮仓空虚，越王勾践率5万大军来灭吴。吴王夫差率6万吴军到笠泽江阻拦。两军隔江对峙，当天夜里，越王派两股人马，从两个地方大肆击鼓渡江，吴王以为越主力来攻，将6万吴军分两路抵挡。这时越军主力偃旗息鼓悄悄地在另一地点过江，向吴军中央大举进攻，吴军立刻大乱。等吴国两边的主力部队回来救助时，越军先渡江的那两路部队又杀过来，致使吴军全线崩溃，迫使它退到都城姑苏据守。

越军采取死困战略，把姑苏城紧紧围住，足足困了两年。吴军没有粮食吃，趁着黑夜突出城来跑到姑苏山上，又被越军包围。吴王派人以好言求和，越王有些不忍心，想答应。范蠡却不同意，他说："谁使我们吃不饱饭，不是吴国吗？谁与我们争夺三江五湖，不是吴国吗？我们为报仇雪恨已准备了20年，现在眼看要胜利了，怎么能放弃呢？"越王同意了范蠡的意见。

公元前475年11月，越军攻占姑苏城。勾践派人去羞辱夫差，说："可以把你安置在甬东做皇帝，你看怎样？"夫差说："我还是死了吧！"说着拔剑自刎了。从此，勾践成了显赫一时的霸主。

兵法鼻祖孙武兵书传千古

孙武（生卒年不详），字长卿，春秋末年齐国乐安人，出身将门，军事家孙书是他的祖父。孙武年少时就喜欢练武，研究军事理论。作为吴国的下级军校，曾参加过吴、楚战争。后来因负伤退出军队，躲在山沟里一面种地，一面研究兵法。

公元前512年，孙武在吴国结识了楚国流亡的大臣伍子胥，相似的政治见解和相同的政治命运把他俩连在一起，两个人亲密相处，建立了深厚的友谊。后来，伍子胥把孙武推荐给吴王阖闾，孙武把兵法13篇献给吴王。相传，吴王看了非常高兴。为了考验孙武管理训练军队的才能，交给他180名宫女，让他按照他的兵法来演练。吴王坐在阅兵台上观看。

孙武把宫女分成两队，让吴王的两个妃子分别担任左右队的队长。孙武先教给宫女们如何拿好武器，如何按规定排好队伍，如何进退分合，便命令传令官击鼓操练。宫女们都以为这事很新鲜，只顾嘻嘻哈哈地笑，谁也没有按令行事，队伍七零八落，很不像样子。孙武压了压火气说："军令、法规大家还没弄明白，口令、动作还没记牢，这是我的过错，不怨你们。"接着，又把法规、口令、动作细细地讲了一遍。然后严肃地说："现在我已向你们讲解清楚了，再不照我的命令去做，就是你们的罪过了！"

第二次操练开始，战鼓擂响了，一些宫女像没听到一样，还在交头接耳，嬉笑喧闹，尤其是那两个队长，根本不理孙武那一套。

这回孙武急了，他严厉地说："我已反反复复向你们讲明白了，你们不服从命令，就是你们的罪过了。"说着就下令先斩那两个队长。吴王在台上听说要杀他的爱妃，着了急，忙派身边的大臣下去传旨："不许杀那两个妃子，大王我离开她们就吃不下饭，睡不好觉。"可是孙武不听王命，他说："将在军，君命有所不受。我既然受命为将，就得按军规办事。"说罢，把两个妃子斩了。

杀了两个妃子，宫女们都傻眼了。孙武命令继续操练，宫女们一个个小心谨慎，规规矩矩地照命令行动。不论前进、后退、向左、向右、跪下、起立，各种动作都做得整整齐齐，井井有条。这时，孙武派人向吴王报告说："兵已训练好了，现在让她们冲锋陷阵、赴汤蹈火都行了！"吴王失了两个爱妃，心中很不高兴，但是看到孙武确实会用兵，为了称霸，只好任命孙武为大将。

孙武被封为大将以后，运用他深邃的政治见解和高超的军事才能，积极协助吴王发展政治、经济和军事。公元前506年，他指挥了自商周以来规模最大、战场最广、战线最长的吴楚柏举之战。五战五胜，占领了楚国都城郢。

10年后，吴王死了，他儿子夫差继位。孙武又辅佐吴王夫差，于公元前484年发起艾陵之战，一举打败齐国军队。等到公元前482年黄池会盟以后，吴国就取代晋国的地位成了霸主。

孙武为吴国立了大功，但他不愿意做官。他看到自己好友、吴国的功臣伍子胥都被夫差杀了，他坚决要求回到山乡。从此他在山里过着隐居的农耕生活，直到老死。

孙武留下的军事理论，是我们民族的宝贵财富。他的军事著作《孙子兵法》，是我国现存的最早的兵书，现存13篇，包含：始计、作战、谋攻、军形、兵势、虚实、军争、九变、行军，地形、九地、火攻、用间等。书中总结了春秋末期及其前期的作战经验，揭示了战争中的一些重要规律，包含着朴素的唯物论和辩证法，自古被称为"兵经"，成为历代军事家必读之书，在世界上也有广泛影响，享有极高的声誉，直到今天，它仍在战场上起着重大作用。

晋秦崤山之战

晋文公在城濮之战以后，成了中原的霸主。秦穆公心中很不高兴，晋文公暗地里答应秦国，以后中原有军事行动，晋秦两家携手共进，想以此消除秦穆公的不满。

公元前630年，根据上述的密约，晋秦两国一齐出兵讨伐郑国。晋国的兵从西边攻进，秦国的兵从东边包抄，形势十分逼人。郑文公慌了神，知道硬打难胜，就派说客烛之武去劝说秦穆公退兵。

烛文武对秦穆公说："秦晋两家一起打郑国，郑当然要败。要是这样做对秦国有利，可以这样做。但是，秦国距郑国太远，郑国一亡，土地全归了晋国，晋的势力就更大了。它今天灭了郑，明天就可能侵犯秦。这对秦有什么好处呢？再说，要是秦和郑讲和，将来秦国在中原有事，郑国可以帮助，这不是对秦国大有好处吗？"秦穆公听了这些话，动了心，单独跟郑讲和了，还派杞子、逢孙、杨孙三位将军，带2000人马替郑国守北门，自己带其兵马回国了。

晋国人一看秦军撤走了，都很生气，有人主张追击秦军，晋文公不同意。

过了两年（公元前628年），晋文公死了，他的儿子襄公即位。有人劝秦穆公趁晋国举行丧礼，顾不得别的，出兵打郑国。经验丰富的老臣蹇（jiǎn）叔和百里奚不同意。蹇叔说："调动大军偷袭这么远的国家，我们赶路赶得精疲力尽，到了地方，人家早有准备了，怎么能取胜？"秦穆公不听劝告，派百里奚的儿子孟明视为大将，蹇叔的两个儿子西乞术、白乙丙为副将，带300辆兵车，偷偷去打郑国。

第二年2月，秦国大军进入滑县地界，忽然有人拦住去路，说是郑国"使臣"求见。孟明视大吃一惊，亲自接见"使臣"。那"使臣"一见孟明视便说："我叫弦高。我们国君得知3位将军来郑国，特地让我前来慰劳。"说着，献上4张牛皮和12头肥牛。

孟明视原打算在郑国没有准备的情况下，突然偷袭的。现在"使臣"来见，说明人家已有准备了，偷袭既不可能，成功就没望了。于是，顺路灭了滑国，撤兵回国了。

其实，弦高并不是郑国的使臣，他只是一个爱国商人。那些天，他赶着牛到洛阳去做生意，路上碰到秦军，他知道向郑国报告已来不及。急中生智，一面扮作使臣，哄骗孟明视，一面派人回郑国报告国君。结果孟明视并不明视，上了他的当。

郑国君接到弦高的信，急忙派人到北门去观察秦军的动静。果然看到秦兵把刀枪磨得雪亮，正准备打仗。于是，郑国向秦军下了逐客令。三位秦将见泄露了机密，只好连夜撤走了。

再说，晋国知道了秦军偷袭郑国不成，正在后撤的消息后，认为这是消灭秦军的好机会。于是，晋襄公亲率大军开到崤山，在险要之处布下天罗地网。孟明视带领秦兵一进崤山，就中了埋伏，被晋军团团围住，进无路，退无门，秦兵死的死，降的降。三员大将全被活捉了。

晋襄公的母亲原是秦国人，她怕杀了秦将与秦国结仇，就劝襄公把三员秦将放了。秦穆公听说秦军全军覆灭，穿着素服出城迎接三将。感动得三人泪流满面。从此更加刻苦练兵，一心要为秦国报仇。

公元前625年，孟明视二次出兵伐晋，想报崤山之仇，想不到晋早有防备，孟明视又打了败仗。秦穆公仍不责备他。他感动得把自己的家财、俸禄都拿出来，送给战死的将士家属。自己跟士兵一起吃粗粮，啃菜根，天天苦练兵马，一心要雪耻。

过了一年，孟明视做好了一切准备，挑选精兵，乘500辆兵车，浩浩荡荡开过黄河。孟明视对将士们说："咱们这回来，有进没退，咱们把船先烧了吧?"将士们说:"烧了吧,咱们打胜了,不怕没船坐;若是打败了,咱们也不回去了。"孟明视见将士们憋了几年的气闷和仇恨全迸发出来了,更增强信心。结果,几天工夫就把上次丢掉的两座城池夺了回来。接着,又攻晋国的几座城市。晋襄公拿定了主意,只守城池,不出城作战。无论秦军怎么挑战,都无效果。

秦穆公只好率大军到崤山,把3年前牺牲的将士尸骨一一掩埋,让孟明视等吊祭一番,算是尽了心意,然后班兵回国了。

老将伍子胥虑远谋深

伍子胥（？～公元前484年），也叫伍员。春秋末期楚国人。与孙武一起辅佐吴王，打败楚国，征服越国，使吴国成为军事强国，是先秦时期最有深谋远虑的军事家

伍氏家族是楚国名门望族，伍子胥的祖父辅佐过楚国庄、共、康、灵四王，是德高望重的楚国元老。他的父亲伍奢，是楚平王太子建的老师（太傅）。伍子胥自幼好学，他的父亲夸他"蒙垢受辱，虽冤不争，能成大事"。

公元前522年，楚平王诬说太子建要谋反，把建的老师伍奢抓了起来，让伍奢写信把儿子伍尚、伍子胥也召回郢都，以便斩草除根。伍尚不听子胥劝告，回到郢都，结果同父亲一起被杀。伍子胥带着太子建的儿子公子胜逃到郑国。

楚平王命人到处捉拿伍子胥，城门上都挂着他的画像，盘查得很紧。这一天，伍子胥带着公子胜来到昭关（今安徽含山县北），正愁着无法过关，突然有人把他扣住，把个伍子胥吓了一大跳。原来这个人是位医生，名叫东皋公，从城门上的画像上认得子胥。这会儿，赶忙把子胥和公子胜领到家中，答应替他们想办法过关。子胥他们在东皋公家一住就是7、8天，天天像滚油煎似的难受，夜夜愁得睡不着觉，传说子胥的头发只几天工夫全愁白了。

有一天，东皋公领一个叫皇甫讷的朋友来见子胥，子胥一看大惊失色："这个人怎么跟我长得一模一样！"东皋公只是一笑，子胥就心领神会了。原来东皋公是让这个人替子胥去过昭关。皇甫讷扮成伍子胥的样

子，走到昭关，没说二话就被抓了起来。那边守城将士正商量着带着伍子胥去领赏呢，这边真的伍子胥带着公子胜过了昭关。

伍子胥到了吴国，吴国公子光（阖闾）正想夺取王位，伍子胥马上帮助阖闾当了大王。吴王阖闾封伍子胥为大夫，帮他处理国事。子胥又把大军事家孙武请来主持军务。吴国很快成了强国，把周围的小国都兼并了。

公元前506年，孙武和伍子胥率兵攻打楚国，连战连胜，把楚军打得一败涂地，把楚京郢都也占领了。那时，杀死子胥父亲和哥哥的楚平王已经死了，子胥为报杀父之仇，把楚平王的尸体挖出来狠狠鞭打了一顿（不可取），算是报了大仇。

公元前505年，吴国趁越国发丧越王允常的机会，出兵攻打越国，双方交战在槜李，结果吴军大败，吴王阖闾受伤而死。越王勾践怕吴国来报仇，先发制人，派舟师侵入吴国夫椒夫差派所有舟师迎战，伍子胥亲临前线指挥，吴军士气高昂，把越军打得落花流水。吴军占领了越国都城会稽。越王以美女和财宝贿赂吴国的伯嚭，让他说服吴王接受和谈。伍子胥主张战斗到底，坚决反对和谈。他说："吴越两国势不两立，有吴就不能有越，有越就不能有吴，留下了越，往后必来灭吴。"

公元前484年，吴王夫差称霸野心又起，要带兵去打齐国。伍子胥马上去见吴王，说："我听说越王勾践卧薪尝胆，正加紧练兵，看样子是一定要来报仇的。要打仗，不如先去打越国。越国不灭，定有后患。"夫差不听劝告，照样带兵去打齐国，打了胜仗回来，文武百官都来祝贺，夸夫差高明。只有伍子胥批评夫差，说："打败齐国，只是占点小便宜；越国来灭吴，才是大祸患。"

这样一来，夫差更讨厌伍子胥了，再加上伯嚭总在后边使坏，夫差便送伍子胥一口宝剑，逼他自杀。伍子胥临死的时候气愤地说："把我的眼睛挖出来挂在吴国的东门上吧，让我看着越王勾践是怎样打进吴国的！"伍子胥自杀后，夫差任命最会溜须拍马的伯嚭做了太宰。

结果，真让伍子胥给说对了。越王勾践表面求和，又进贡，又亲自来给吴王当奴才，可暗中一直在加紧准备同吴国一决雌雄。公元475年吴国闹饥荒，越王勾践亲率5万大军来战，把吴军打得望风而逃。越军把吴国都城围了两年。夫差走投无路，说："我不听伍子胥劝告，遭此噩运，我再也没脸见伍先生了!"说着，用衣服遮住自己的脸，自杀了。

齐魏桂陵之战

从公元前475年（周元王元年），到公元前221年（秦始皇二十六年），是我国历史上的战国时代。战国初期，诸侯国中魏、赵、韩、齐、燕、楚、秦七国比较强，此外，还有宋、鲁、郑、卫、越、蔡等20多个小国和一些少数民族政权。各大国为了争夺土地和人口，战争频繁，杀戮不断。

公元前453年韩、赵、魏3家分晋时，魏国得到了晋国河东一带最好的土地，加上魏文侯善于治国，魏国首先成为春秋初期的强国，称霸中原50多年。魏文侯死后，魏才开始逐渐衰落，一些诸侯国不大怕它了。

公元前354年，赵国为扩大地盘，向魏的属国卫国进攻，迫使卫国向它屈服。卫国原来是向魏国纳贡的，屈服赵国以后，就向赵国纳贡，不向魏国纳贡了。这便是欺侮魏国。魏国怎么能忍受？于是，便派大军攻打赵国，包围了赵国的都城邯郸（今河北邯郸）。赵国挺不住了，就派使节向齐国求援，答应把中山（今河北定州）割给齐国作为酬谢。

齐国在春秋时代就是东方大国，在中原诸侯国中也算不错的。到齐威王时，已相当强盛，有了与魏争霸的条件。这会儿，赵国来求援，齐威王便召集大臣们商量。相国邹忌主张不救，消停地发展自己。大夫段干朋认为不救赵对齐国不利。齐威王问他："为啥说不救赵对齐不利？"他说："魏国占了邯郸力量加强了，必然威胁齐国。"他还从齐国的利益出发，提出了作战方案："要救赵国，不直接去解邯郸之围；等到魏、赵两军都疲惫时，发兵去打魏国。这样，又能鼓励赵抗魏，又能迫使魏撤军。"齐威王认为段干朋讲得有理，便采纳了他的作战方案。

恰巧，这时南边的楚国和西边的秦国也产生了跟齐国一样的想法：怕魏国吞并了赵，威胁自己国家。没等齐国动手，这两家趁魏国后方空虚，先从西边和南边向魏进攻了。魏将庞涓很有主意，不受两国的干扰所动摇，坚决攻打邯郸，攻了一年才攻入邯郸。

这当儿，齐威王认为时机成熟了，派田忌为将，孙膑为军师，发兵救赵。田忌见魏军围赵不撤，主张直趋邯郸。孙膑说："要解开乱绳，不能用拳头。要排解斗争，不一定去参加那场斗争。避实就虚，因势利导，就可以解决问题。现在魏国去打赵国，精兵全在那儿，国内只剩下残兵败将。不如带兵去攻打魏国的大梁，魏国丢了城池，必然回军来救。这样，我们不仅救了赵国，也取得了城池。"田忌采用了孙膑的计策，立刻率军直奔大梁（今河南开封）。

魏将庞涓听说齐军要攻大梁，恐怕国内有失，忙留下少数兵丁守邯郸，亲率大军返回大梁。田忌、孙膑得到庞涓来战的消息，立即率齐军撤到桂陵（今河南长垣西北），选好地势，等待魏军。庞涓想乘胜赵之威，一举胜齐，便兵分三路向齐军进攻。开战之初，魏军迅速突破了齐军中路，形势不错。然而，齐军左右两路，铁壁合围，一下又使魏军陷于困境。两侧的魏军也被齐军隔离，不得援救中军。庞涓率中军奋战突围，只有少数亲兵突了出来，其余的死的死伤的伤。左右两军，也遭到惨重伤亡。

桂陵之战，是战国初期齐国大胜战，打这儿起齐国进入称霸时期。"围魏救赵"这一战例也成了历史典故。

思想家墨翟首创城防理论

墨翟（公元前468年～公元前376年），主要活动于战国初期，久居于鲁国。墨翟本是孔丘的学生。"学儒家之业，受孔子之术"，但后来因为不同意孔丘所尊崇的繁文缛节，反对孔丘所倡导的厚葬和服三年之丧等礼，而脱离儒家，另立学派。

墨翟自称"贱人"，生活上"量腹而食，度身而衣"，可见他出身低微。墨翟所创的学说，在当时与儒家学说并称"显学"，孟轲还说，"杨朱、墨翟之言盈天下"，可见其对社会影响之大。墨翟的学说，主要保留在《墨子》一书中。其中《备城门》《备高临》《备梯》《备水》《备突》《备穴》《备蛾傅》《迎敌祠》《旗帜》《号令》《杂守》十一篇，全部是关于城市防守战术的理论。有的学者认为这十一篇军事著作，"在军事学中应该与《孙子兵法》同当作重要资料，不可偏废"。从上述《墨子》的内容来看，墨翟不单是我国古代的著名政治思想家，也是我国战国初期城邑防御战略战术的军事理论家。

据《墨子·公输》和《吕氏春秋·爱类》等书记载：墨翟在鲁时，听说当时著名的科技家公输班（鲁班），为楚国设计、制造了新式攻城云梯，正准备进攻破宋国。他立即派大弟子禽滑厘率领他的300多学生，携带守城器械，到宋都商丘，帮助宋君作都城防守的战斗准备；墨翟自己则立即求见楚王，说服他不要攻宋。墨翟遂告诉楚王"宋必不可得"。楚王说公输班是"天下之巧工"，已为我准备好了攻城的器械和方法，怎么会必不可得呢？墨翟请楚王让他和公输班较量一下，于是墨翟"解带为城，以牒（筷子）为械"，做了一次类似现代兵棋战术的城邑攻防演习。"公输班九设攻城之机变,子墨子九距之,公输班之攻械尽,子墨子之守圉(防御战术)有余"。通过"兵棋"演习,证明墨翟的城邑防御战术,完全可以抵抗住楚军的进攻。公输班说,我有办法攻宋城,但我不说;墨翟说我知道你的办法是什么,但我也不说。楚王问其原因,墨翟说:公输班"不过欲杀臣。杀臣,宋莫能守,可攻也。然臣之弟子禽滑厘等300人,已持臣守圉之器,在宋城上而待楚寇(进攻)。虽杀臣,不能绝也。"楚王无奈,只好放弃攻宋。

墨翟在军事史上的贡献,主要有两点。第一,他在战争观上,按战争性质,明确、严格地将战争区分为有义和不义两种。他认为攻无罪小国的战争是不义的,诛无道暴君的战争是正义的;至于为抵抗进攻而进行的防御战争,则更认为是正义的,并积极加以研究和提倡。这在我国古代军事史上还是第一次,比《孙子》的不区分战争性质进了一步。当然,墨翟的战争观,也有它的局限性和片面性。他反对当时一切进攻别国的战争,从发动战争的主观动机和战争本身的掠夺性、破坏性出发,认为是不义的(和孟轲"春秋无义战"观点相同),没有看到兼并战争对历史发展的进步作用。在当时列国混战的情况下,需要的是统一战争,而不是维持封建割据。

第二,墨翟总结并发展了我国战国以前城邑防守作战的理论,给我们留下了珍贵的遗产,使我们对我国先秦时期居于世界领先地位的城邑防御体系,城邑攻、防战术,以及各种先进的兵器,有一定程度的了解。《备城门》等十一篇,不仅是冷兵器时代最早、唯一专论守城作战的军事著作,而且记述得极为细微、具体,这是其他著作所不及的。

齐魏马陵之战

在齐、魏两国在桂陵打仗的时候，韩国趁着魏打了败仗，顾头顾不了尾的时候，攻打魏国的陵观、廪丘，魏惠王心里记下了这笔账，一心找机会收拾韩国。

公元前341年，魏国准备好了兵力，便派庞涓率兵直取韩国都城。韩国抵挡不住魏军的强大攻势，只好向齐国求援。齐威王召集大臣们开会，讨论要不要援助韩国。会上出现了三种意见：齐相认为，魏、韩两国打仗，不管谁胜，他们双方的力量都要受到损失，这对齐国有利，主张"不救"。齐将田忌认为，如不救，韩国可能向魏投降，这样，加强了魏的力量，对齐不利，主张"早救"。孙膑认为，魏、韩交锋，一下还看不准谁能取胜，如早出兵，等于替韩去承受损失；应当向韩表示愿意出兵相助，让他奋力去打，如韩打不赢，可在它们两国力量消耗差不多时再出兵。这样，齐王一定很感激我们，而魏的力量弱了，也好打了。齐威王很赞赏孙膑的意见。

韩国得到齐国要来支援的消息，人心振奋，尽最大的努力去抗击魏军，但终因兵力贫乏难以招架，5次交锋都失败了。只好再向齐国告急。齐威王一看魏、韩两军都疲惫了，战斗时机来了，便派田忌为主将，田婴为副将，孙膑为军师，率领大军去救韩国。这次出兵，还是按照孙膑的设计，用"围魏救赵"的方法，不派兵去解韩国都城之围，而是直接发兵去攻魏的大梁。

魏国上一次攻打赵国，齐国为救赵国就是先出兵来围魏的，结果魏吃了大亏。这一次齐国又用这一招来救韩，魏惠王一听说，心里就像揣了个小兔子，直发毛。他急心命令庞涓率领大军火速回国，决心要跟齐军决一死战。

庞涓率兵从韩国赶回魏国，齐军已深入到魏国内地。魏军追上齐军，齐军只是一味地退却。第一天追到齐军走后的营盘，庞涓亲自察看齐军营址，发现营盘占地很大，数了数炉灶，足够10万人吃饭用的。庞涓吓得直咋舌头。第二天，庞涓带兵追到齐军第二次扎营的营盘，数了数炉灶，足够5万人用的了。庞涓的心有点平静了。第三天，庞涓带兵追到齐军第三次扎营的营盘，仔细地数了炉灶。只够两万人用的了。庞涓看了仰天大笑．说："我早就知道齐军不济事，10万大军到了魏国，才3天时间，就逃散了一大半！"于是，他命令魏军不分昼夜地沿着齐军退却的路线追击。

这一天，魏军追到马陵，天色已黑，马陵道十分险要，路旁尽是障碍物。将士们不愿摸黑行军，怕中埋伏。庞涓恨不得一步赶上齐军，一决死战，命令大军摸黑前进。走着，走着，忽然前面的探马来报："前面的路给木头挡住了！"庞涓上前去看，果然道旁的树木全砍倒了，只留下一棵大树没砍，仔细一看，那大树的一面剥了树皮，上面影影绰绰地写着什么字，因为天黑看不清楚。

庞涓忙叫士兵拿火来照，有个士兵点着火把，趁着火光一瞧，那树上写的是："庞涓死在此树下！"庞涓大吃一惊，冷汗立刻从身上冒出来。吩咐将士立刻撤退，可是，已经来不及了。当他们火把一点着，四周射来的箭像下雨似的向点火处射来。一时间，马陵道两侧杀声震天，齐国士兵潮水般涌了上来，魏军乱成一团。庞涓自己难以挽救败局，拔剑自杀了。齐军乘胜追击，连打胜仗，共歼灭魏军10多万人，魏国太子申也被逮住了。

原来这是孙膑设下的巧计，他故意每天减少炉灶的数目，让庞

涓产生错觉，盲目地追上来。他算准了魏军一定要追到马陵，预先
埋伏一批弓箭手，吩咐他们一见大树下有火光，就一齐放箭。庞涓
不知是计，中了埋伏送了性命。

军事改革家商鞅为改革献身

商鞅（约公元前390年～公元前338年），卫国人，出身公族，原名卫鞅，亦称公孙鞅。在秦时被封为列侯，食邑于商，号为商君，所以称之为商鞅。曾辅佐秦孝公嬴渠梁变法图强，是我国先秦法家学派的代表人物。他长期担任秦国军、政最高长官——大良造，是战国时期著名的政治、军事改革家和军事谋略家。他著有专门的军事理论《公孙鞅》27篇，可惜已经散佚。

商鞅自幼即"好刑名之学"（法家学说），又曾受教于鲁国杂家（"兼儒墨，合名法"，各家思想都有）尸佼，所以他对战国时各派理论均有所了解。

魏惠王五年（公元前365年），他到达魏国，任相国公叔痤的家臣——中庶子。由于他才干过人，表现突出，颇受公叔痤的赏识。公叔痤在病重时，曾向惠王魏罃推荐商鞅，说他"年虽少，有奇才"。希望让商鞅继他任魏相国，魏罃没有同意。公孙痤又建议杀掉商鞅，以免为他国所用，魏罃表示允诺。公孙痤事后将情况告知商鞅，令其速逃。商鞅认为魏罃不会杀他，没有逃走。直到公孙痤死后，秦孝公嬴渠梁正发布"求贤令"招贤纳士，商鞅得以见到渠梁。前两次谈话，商鞅说之以"帝道""王道"，渠梁都不以为然。第三次谈话，商鞅说之以"霸道"，渠梁才略感兴趣。第四次谈话，商鞅说之以"强国之术"，大得渠梁的欢心和重视。商鞅的强国之术，中心问题就是变法。其中军事方面的有奖励军功，禁止私斗，以官爵特权激发士兵杀敌勇气，以酷刑峻法制止私斗及临阵畏敌，从而提高军队战斗力。规定"有军功者，各以率受上爵，为私斗者，各以轻重被刑"，并颁布20等军功爵制，按杀敌首级数赐予爵位、耕地、官职及其他特权等。"有功者显荣，无功者虽富无所芬华"。

经过第一次变法，"民勇于公战，怯于私斗"秦国军力有所增强。公元前354年，秦军乘魏军主力北进包围赵都邯郸，西部空虚之机，两路出师东进。北路以商鞅率主力攻魏，在元里（今陕西澄城南）击败魏军，并占领了少梁（今陕西韩城西南）；南路以一部兵力攻韩，深入至安陵（今河南鄢陵北）一带。取得了变法以后第一次向东扩展的胜利。由于变法效果显著和作战有功，渠梁超级提升商鞅为大良造，使其掌握了秦国的军、政大权。公元前352年，商鞅又乘魏军在桂陵之战中大败的有利时机，亲率秦军主力，经西河、渡黄河东进，占领了魏旧都安邑（今山西夏县西北），次年又占领了固阳，收复了一部分过去为魏国所占去的西河山区土地。

当商鞅推行第二次变法的时候，魏于秦孝公十八年（公元前344年）联合宋、卫等十二个小国会盟，企图以朝见周天子的名义进攻秦国。商鞅请示渠梁许可，亲自去魏游说。他针对魏罃欲称王的虚荣心理说："今大王之所以从二十诸侯"，都是小国，"不足以王天下"，应该北与燕好，西与秦和，"先行王服，然后图齐、楚"，这样"则王业成矣"。魏罃听信了商鞅之言，打消了攻秦的计划，商鞅又一次避免了与魏进行无把握的决战。

公元前341年，齐魏发生了马陵之战，魏军主力被齐击溃，国力大损。5月间齐、宋又联合攻魏，商鞅认为与魏决战的时机已经成熟，率秦军攻魏。魏以公子卬率军迎战。商鞅伪称愿和，约公子卬前来会盟，在会盟时将其俘虏，并突然向魏军发动进攻。魏军毫无准备，加以军无主帅，迅即溃败。魏割西河地向秦求和。从此，秦国的军事实力大为提高，使战国七强争雄的格局为之一变。

然而，商鞅执政期间，为变法得罪了贵族，引起统治集团中部分人的不满。公元前338年，太子嬴驷即位，即秦惠王。嬴驷的师傅公子虔等，过去曾因太子违法而受刑，竟诬告商鞅"欲反"，嬴驷即下令逮捕商鞅。商鞅组织徒属反抗，被俘车裂，全家族灭。商鞅为了秦国战争的胜利，把毕生精力都贡献于秦国的变法事业之中，最后连自己及全家的生命，也都因改革而丧失。

"罪犯"军事家孙膑身残德高

孙膑（生卒年不详），这个名字是因为他被庞涓剔去两只髌骨（膝盖骨），人们便以刑徒的称呼叫他膑。据说，孙膑生在山东阳谷，系中国最早的军事家孙武的后世孙。孙膑也是我国历史上享有盛名的军事家，著有《孙膑兵法》流芳百世。

孙膑生长在战国中期，各国争雄，战事不断，尚武成风。他从小习武，青年时代跟庞涓等一起向鬼谷子学习兵法。孙膑既得名师指教，又有严谨的学习态度，学业进步很大，扎实地掌握了那时的系统的军事理论。

庞涓学成以后比孙膑先下山了，在魏惠王那儿当将军。后来，墨子的门生禽滑厘向惠王推荐孙膑，惠王才让庞涓把孙膑请来。惠王让他当副军师，跟庞涓一起掌握兵权。庞涓怕孙膑妨碍他当官，耍花招说："孙膑年龄比我大，才华也比我强，怎么能让他当我的副手呢？不如让他先当客卿，等立了功，再做军师，我做他的助手。"于是，惠王就让孙膑作了没有任何实权的客卿。

大约过了半年光景，一天，忽然一位齐国商人来见，给孙膑捎来一封家信，说是他的哥哥孙平、孙卓很想念，盼孙膑早回齐国建功立业。孙膑向来人说自己已在魏国作了客卿，暂时不能回去。只好让来人带回去一封表达思乡之情的家信。想不到，这封信落到魏惠王的手里，惠王认为孙膑私通齐国，有意背叛魏国，下令送军师府审问。原来那位商人是庞涓派去的，是有意加害于孙膑的。这时庞涓向惠王说："孙膑私通齐国，罪该万死。但可以先处以刖刑，等他把兵书写出来再杀他！"而庞涓见到孙膑又说："大王坚持要杀掉你，经我再三恳求，才保住你的性命，但必须处以黥（脸上刺字）刖（剔去髌骨）之刑。"

孙膑受刑之后，站不起来，只能爬行，只好依靠庞涓照顾。孙膑以为是庞涓救了他的命，想赶快把兵书写出来交给庞涓，以报答他救命之恩。庞涓派来监视孙膑的仆人，看到孙膑为人诚实，深为敬佩，把庞涓的阴谋告诉了孙膑，孙膑如大梦初醒，看清了庞涓的嘴脸，立刻烧掉了已写好的兵书，装起疯子来，吃猪食睡猪圈，大喊大叫，疯不可遏。

齐威王知道了孙膑在魏的遭遇，立刻派人来，表面上是来和魏通好，暗找到孙膑让随从穿上孙膑的"疯衣"继续装疯，掩人耳目，偷偷地把孙膑藏在车中带回齐国。齐威王见孙膑才华出众，要封他官职，孙膑说："我一点功劳也没有，哪能受封呢？我还是先住在田将军家，以后大王有用我的地方，我一定尽力。"

孙膑在田忌府中，被待为上宾，两个人天天研究兵法，田忌把孙膑看作自己的老师。传说，田忌常与齐威王玩赛马游戏，并赌以重金。有一次，孙膑给田忌出主意：让他以下等马跟威王的上等马比赛，用上等马跟威王的中等马比赛，用中等马跟威王的下等马比赛。结果，田忌以两胜一负的成绩赢得威王"千金"。威王对田忌的赛法感到新奇，就问"哪里来的妙计？"田忌说"是孙膑教给的。"从此，威王更加敬重孙膑。

此后，孙膑指挥的"围魏救赵"之战中，孙膑首出巧计，不去直接打围攻赵国都城的魏将庞涓，而是带兵攻打魏国的都城。结果，不仅迫庞涓撤走了围赵的军队，还在交战中消灭了魏两万多人。此战成了古今著名的典型战例。

在齐、魏马陵之战中，以假败退的表象迷惑庞涓，诱敌深入，结果，一举全歼魏军10万多人，魏太子被捉，庞涓落入重围，被迫自刎。从此，孙膑名扬天下，齐国的威名打这儿也大了起来。齐威王要加封孙膑，孙膑不要，他把自己写的13篇兵法献给齐威王，辞了官，找个清静的地方隐居去了。

秦昭襄王三战楚军

秦国到昭襄王时，疆土已包括关中和陇蜀全境，而且拥有黄河、崤山、武关、瞿塘等重地，气势逼人。邻国韩、魏不能与秦抗争，割地同秦和好。赵国北边有匈奴牵制，也不能跟秦国冲突。只有楚国对秦有气，楚怀王曾受秦使张仪的欺骗，说给楚割地，到了也没割给，楚曾派兵攻秦，结果败在蓝田，反倒给秦割了一块地去。

现在，秦国想向东方扩张，成天在琢磨进攻哪个国家，怎样攻打？齐、燕两国跟秦国交好，不能先打。赵国倒可以打下，但有黄河和晋北山地阻碍，进兵较难，况且一旦战争打响，容易让韩、魏、楚抄了后路。秦昭襄王想来想去还得先打南路、中路，削弱韩、魏、楚3国。但是，这3国兵力都很强，不能同时进攻，秦昭襄王便采取和楚攻韩、魏的策略。

公元前304年，秦昭襄王约楚怀王在黄棘会盟，把楚国在蓝田战败时割给秦国的上庸（今湖北竹山东南）还给楚国，于是，秦、楚两家和好了。把楚国安顿下，秦国就开始攻打韩、魏两国，夺取了魏国的封陵、薄坂，又攻下了韩国的武遂。同年，魏、韩、齐3国因楚国背叛了原来订立的合纵联盟，联合出兵攻打楚国。楚怀王派太子横为人质，请求秦国支援。秦国出兵来战，魏、韩、齐3国的军队才被迫撤走。

这时，秦国看到楚国和魏、韩、齐结了仇，有机可乘，就不跟楚结好了，又要跟魏、韩结好，攻打楚国。于是，秦昭襄王约会魏襄王和韩国太子婴在临晋（今陕西大荔）会盟，把上次战争中夺来的土地还回一部分。这样，秦和韩、魏的关系又缓和了。刚巧，这时在秦国作人质的楚国太子横跟秦国大夫闹矛盾，杀死了秦国大夫，逃回了楚国。秦国把这个作为借口，联合魏、韩、齐三国的军队，去攻打楚国。他们连夜渡过泄水，向楚军发起突然袭击，杀死楚将唐昧，占领了楚地重丘（今河南沁阳市北）。次年，秦又派华阳君芈戎率大军伐楚，杀死楚将景缺，楚军伤亡3万人，占领了楚地襄城（今河南襄城县东南）。

秦军夺取襄城之后，就撤军回去休整。第二年（公元前299年），又派兵来，夺取了楚国8座城池。这时，秦昭襄王派人给楚怀王送了一封信，信上说："两国本来很好的，只因为楚太子杀死秦国大夫，也不道歉就跑了，寡人一怒之下才打了楚国。现在看秦、楚关系不好，就无法号令诸侯，寡人愿意在武关跟怀王相会，两家再次结盟。"楚怀王看了信后，犯了心思：去吧，怕上了秦国的当，被他们抓去；不去吧，让人家说不愿意结好，又成了挨打的借口。怀王找大臣们帮他下个决心，左徒屈原说："秦是虎狼之国，不可相信，万万去不得。"怀王的小儿子子兰则主张去赴会。怀王听了他儿子的意见，硬着头皮去了武关。

秦昭襄王果然没安好心，派一位秦将扮作秦王，领兵在武关埋伏好，楚怀王一到，立刻把他活捉，押往秦都咸阳。秦昭襄王在章台宫接见他，把他当作降臣来接待，让他把楚国的巫郡（今重庆市巫山县一带）、黔中郡（今湖南常德地区）割给秦国。楚怀王答应跟秦结好，但不愿割地。秦昭襄王却非让他割地不可。楚怀王忍无可忍，强硬地表示："秦国欺骗了我，又逼迫我割地，太不像话了，说什么也不割地！"秦昭襄王便把楚怀王扣下，不许他回国。后来，楚怀王乘机逃了出来，但是，楚国边界都是秦军，他无法跑回楚国，只好往赵国跑，跑到赵国．人家怕得罪了秦国，又不敢留他。他只好又往魏国跑，结果跑到中途被秦军抓了回去。后来他就死在了秦国。

楚国知道怀王死了，就立楚太子为顷襄王。秦昭襄王决心不让楚国安宁，趁新王不稳，又派兵出武关攻打楚国，结果，又斩杀楚军5万多人，又夺取了16座城邑。至此，秦、楚边境楚一边的要镇差不多都让秦国占去了，秦国这才稍稍消停一会儿。

燕将军乐毅受聘异国任将

乐毅（生卒年不详），赵国灵寿人，战国时期为燕国大将军，功勋卓著，历史上很有名望。

乐毅出身将门，先祖乐羊是魏国的大将，因伐中山国有功，魏王把灵寿一带封给他，他的子子孙孙都生活在灵寿。乐毅小的时候非常聪明，很爱学兵法。由于赵国发生内乱，乐毅跑到魏国国都大梁（今河南开封西北），在那儿当了个小官。魏王看他能干，派他到燕国当大使。那会儿，燕国被齐国灭了刚刚复国不久，燕昭王决心要报齐王灭国之仇，筑黄金台招募人才，提倡改革。燕昭王听说乐毅很有才华，就非常尊敬他，跟他交朋友，打算重用他。乐毅很受感动，就决定留在燕国，当了燕昭王的亚卿，帮助燕国训练军队，准备跟齐国打仗，以报灭国之仇。

那时候，齐国势力比较大，又打了几次胜仗，齐滑王就骄傲起来，国内老百姓对他不满，各诸侯国也都烦他。燕昭王看到齐国这种情形，就对他最信任的将军乐毅说："燕国受齐国欺侮这么多年了，我天天想替先王报仇。如今正是灭齐的好机会，我想带全国的军队跟齐国决一死战，你看怎样？"乐毅说："齐国地广人多，又善于打仗。它虽然有内患，但力量还是很大的。要打，必须联合几个国家一起打才行。列国之中跟咱们挨着的是赵国。大王跟赵国一联合，韩国准加入。孟尝君在魏国也恨着齐王呢，他也会请魏王帮助咱们。这样，咱们联合赵、韩、魏一起打齐国，一定能赢。"

燕昭王接受了乐毅的建议，派他去赵国联合赵惠王，并通过赵国说服秦国给予帮助。同时又派剧辛到楚国和魏进行联络。各国都怨恨齐国，听说一起攻齐，都愿意参加。于是，燕昭王派乐毅为上将，会同秦、赵、韩、魏的军队，于公元前284年开始伐齐。

两军交锋，乐毅亲临前线，率五国联军，发起猛攻，直打得齐军望风而逃。齐湣王逃到都城临淄，乐毅率部攻下临淄，把缴获的珠玉珍宝运回燕国，在宫廷中展览。燕昭王非常高兴，封乐毅为昌国君，把昌国城一带的土地都给了他。

乐毅率领燕军在齐战斗5年，攻下70多座城池，最后只剩下聊城、莒城和即墨三城。乐毅认为单靠武力征服不了人心，就是攻下城池也难以巩固。于是，他对3城采取围而不攻的方针，对占领区实行减赋减税，废除苛刻的法令，尊重当地人的风俗习惯，优待名流等政策。他认为争取人心，3城可以不攻而破。

可惜，这时燕国内部出了说道：燕国的大夫骑劫对燕太子乐资说："听说乐毅采取仁道，争取民心，若是民心顺了他，他不得当齐王吗？"太子把这些话报告了燕昭王，昭王一听，就蹦了起来，叫人打了太子20大板。昭王说："先王的仇是谁给咱报的？乐毅的功劳比天高比海深，怎么还说他的坏话呢！他就是真的做了齐王，也是应该的。"

燕昭王打了太子乐资以后，打发使者上临淄去见乐毅，立他为齐王。可是，乐毅宁愿死，也不接受这封王的命令。

公元前279年，燕昭王病死，太子乐资继位，叫燕惠王。齐国将军田单知道惠王和乐毅有矛盾，就造谣说："乐毅实际上早就当上齐王了，为了讨好先王，才不接受封号的。这回新王即位，他该公开做齐王了。若是新王派别的将军来，3座城池早拿下来了！"惠王听信了谣言，派自己的亲信骑劫去当大将军，把乐毅调回。

乐毅心想：若是回燕国，万一被新君所杀，将损害新君的名誉，那就对不起先王了。于是，他决定回老家赵国。赵惠王非常尊重乐毅，封他为望诸君（望诸是地名，在今河南商丘东）。

　　直到燕军大败，骑劫被杀死，燕惠王才想起乐毅的好处，才写信请乐毅回燕。乐毅婉言拒绝了。燕惠王怕乐毅记仇，以后攻打燕国，就封他在燕国的儿子乐闲为昌国君。乐毅不记前仇，做赵国和燕国的牵线人，促成两国友好相处。后来他就死在赵国。

秦远交近攻扩大连横

齐、楚、燕、韩、赵、魏六国，在苏秦的推动下，形成了合纵的局面，但由于利害关系不同，热心程度也不同。秦惠文王任用纵横家张仪为相，以远交近攻的策略极力拆散六国，然后各个击破，先后使6国屈服。

张仪先到了楚国，对楚怀王说："如今天下最强大的国家要数齐、楚、秦三国。要是秦国跟齐国联合，那么齐国就比楚国强；要是秦国跟楚国联合，那么楚国就比齐国强。要是大王能下个决心跟齐国绝交，秦王不但情愿跟贵国永远和好，还愿意把商于一带600里的土地送给贵国"。

楚怀王是个糊涂虫，经张仪这么一说，就高兴地答应了。客卿陈轸和三闾大夫（官名，掌管王族三姓的大官）屈原反对跟齐国绝交，说"张仪的话不能信，大王可千万别上他的当。"

楚怀王一面派逄（páng）侯丑为使者，跟着张仪到咸阳去接收商于，一面跟齐国绝了交。逄侯丑和张仪到了成阳，张仪假装摔坏了腿，被接去治疗。逄侯丑足足等了3个月，张仪才与逄侯丑相见，问他："怎么将军还在这儿？"逄侯丑说："秦王要等相国病好了再说。"张仪说："我把我的6里土地献给楚王，干吗要去跟秦王说呐？"逄侯丑听了，不敢相信自己的耳朵。他说："我来接收的是商于那边的600里土地呀！"张仪摇着脑袋说："没有的话！秦国的土地全是凭着打仗得来的，哪儿能轻易送人哪！我说的是6里，不是600里，是我自己的土地。"逄侯丑这才知道他原来是个骗子。

逄侯丑回到楚国一报告，楚怀王气得直翻白眼。公元前312年，楚怀王拜屈为大将，逄侯丑为副将，率领10万兵马往西北去征伐秦国。秦惠文王出了10万兵马去跟楚国交战。同时还叫齐国发兵助战。楚国受到两面夹攻，一连败了几仗。屈、逄侯丑都阵亡了，10万人马就剩了3万，连楚国汉中600多里的土地都给秦国夺去了。

秦惠文王感谢张仪一硬一软地收服了楚国，又叫他去周游列国，布置连横亲秦的计策。张仪先去会见齐宣王，对他说："如今楚、韩、赵、魏、燕5国都跟秦国交好，要是大王把自己孤立起来，那么，秦王叫韩、魏两国来打贵国的南边，叫赵国来打临淄（zī）、即墨，秦国自己再发大军，大王可怎么对付呐？"齐宣王就给他连拍带吓唬地说服了。

张仪到了赵国，对赵武灵王说："强大的国家都跟秦国联到一块儿，只有赵国孤单单地四面全是敌人，不是太危险了吗？要是秦王率领着秦、楚、齐、韩、魏几国的大军打进来，把贵国分了，大王可怎么办呐？"赵武灵王也给张仪吓唬住了。

张仪到了燕国，对新君燕昭王说："如今楚、齐、韩、魏、赵全都归顺了秦国，大王要是孤零零地不去跟秦国联络，秦王叫赵、韩、魏进攻贵国，贵国还保得住吗？要是大王归顺秦国，就有了靠山，谁还敢来欺负？"燕昭王经他这么一吓唬，就把洹水东边的5座城献给秦王。

张仪把齐宣王、赵武灵王、燕昭王说服了，连横亲秦的计策大体上可就成功了。可是他还没回到咸阳，秦惠文王死了。太子即位，就是秦武王。秦武王做太子的时候，就看不惯张仪。张仪一到咸阳，就对秦武王说："听说齐王特别恨我，咱们将计就计：我情愿辞去相国的职位上魏国去。齐王知道我在魏国，准去攻打。大王趁着齐国跟魏国打仗的时候，发兵去打韩国。把韩国攻下来，就可以直接到成周去，周朝的天下可就是大王的了。"秦武王正想去看看天王的京都，就赏了张仪30辆车马，派他上魏国去。魏襄王还真拜他为相国了。

齐宣王听说张仪做了魏国的相国，果然发兵去打魏国。魏襄王急得什么似的，张仪打发自己的心腹冯喜去见齐宣王，冯喜说："听说大王恨张仪，要是大王真恨他，就不该帮他！"齐宣王瞪着眼睛说；"谁帮他来着？"冯喜老老实实地告诉他说："张仪离开秦国是个计。秦王料着张仪到了魏国，大王一定要跟魏国开仗，他就趁着你们彼此交战的时候去打韩国，然后路过韩国去侵犯成周，夺取天王的地位。如今大王果然要跟魏国打仗，这不正好入了他们的圈套吗？"齐宣王拍拍自己的脑勺说："哎呀！我差点儿上了他的当。"他赶紧把军队撤回来。从此，魏襄王就更加信任张仪。不久张仪死在魏国。

秦赵邯郸之战

秦军在长平之战胜利之后，乘胜攻取了赵国的太原郡和韩国的上党郡。这时白起主张一举灭赵，秦相范雎却主张叫韩国和赵国割让几座城，答应他们讲和了，秦昭襄王同意，吩咐白起撤兵回国。

可是秦撤军后，赵、韩不但不割地，还联合楚、魏、齐三国，准备抗秦。这时秦昭襄王后悔了，就想叫白起再去打赵国。白起装病不去。秦昭襄王就叫大将王陵带领10万兵马去攻打邯郸。可是王陵的对手不是那个只会"纸上谈兵"的赵括，而是能征惯战的大将廉颇！王陵吃了几阵败仗，连着向本国请求救兵。

秦昭襄王叫大将王龁去替换王陵，再给他10万兵马。王龁统领20万大军，把邯郸围了快半年了，就是打不下来。秦昭襄王又派郑安平带领5万精兵去帮助王龁。赵孝成王一看秦国又增兵了，看样子是非把邯郸打下来不可，急得请平原君想办法去向各国求救。

平原君打算带20个文武全才的人跟他一同到楚国去。他有3000多门客，要挑选20个人本来不算回事。可是平原君挑来挑去，对付着才挑了19个人，这可真把他急坏了。忽然有个坐在末位的门客站起来，自己推荐自己说："不知道我能不能来凑个数？"好些人都拿眼睛瞅他，好像叫他趁早闭上嘴。平原君笑着说："你叫什么名字？"他说："我叫毛遂。"平原君冷笑一声，说："有才能的人就好像一把锥子搁在兜儿里，它的尖儿很快就露出来了。"毛遂也冷笑一声，说："这是因为我到今天才叫您看这把锥子。"平原君倒佩服他的胆子和口才，就拿他凑上20人的数。当天辞别了赵王，上楚国陈都（今河南淮阳）去了。平原君跟楚考烈王在朝堂上讨论着合纵抗秦的大事。

平原君把嘴都说得冒了白沫，楚考烈王说什么也不同意抵抗秦国。这当儿，突然见一个人上了台阶，嚷着说："楚国有5000多里土地，100万甲兵，原来就是个大国。以前的历史是多么光荣！没想到秦国一起来，楚国连着打败仗。堂堂的国王当了秦国的俘虏，死在敌国。这种仇恨，10年、20年、100年也忘不了哇！难道大王倒不想报仇吗？今天平原君来跟大王商议抗秦的大事，也是为了楚国，哪儿单是为了赵国呐！"

这一段话一句句就像锥子似的扎在楚考烈王的心坎上。他不由得脸红了，连着说："是！是！"毛遂当时就叫人拿上鸡血、狗血、马血来。楚考烈王和平原君就当场歃血为盟。打那儿，平原君和那19个门客全都佩服这把锥子的尖锐劲儿。

公元前258年，楚考烈王派春申君黄歇为大将，率领8万大军，同时，魏安釐王也派晋鄙为大将，率领10万大军，共同去救赵国。平原君和20个门客回到赵国，天天等着楚国和魏国的救兵。等了好些日子，一路救兵都没到。

原来，秦昭襄王一听到魏国和楚国发兵去救赵国，他派人去对魏安釐王说："邯郸早晚得给秦国打下来。谁要去救，我就先打谁！"魏安釐王吓得连忙派使者去追晋鄙，叫他在当地安营，别再往前进。春申君听说魏国的兵马不再往前进，他也就在武关驻扎下来了。赵孝成王急得没办法，只好再打发使者偷偷地跑到魏国，催魏安釐王快点进兵救赵。

平原君又给魏公子信陵君写了一封信。信陵君接到了这封信，心里就像有几百条虫子咬他似的。他再三再四地央告魏安釐王叫晋鄙进兵。魏安釐王始终不答应。信陵君听了侯生建议，偷了兵符，到邺下，对将士们说："大王有令，叫我接替晋鄙去救邯郸。晋鄙不听命令，已经治死了。你们不用害怕，服从命令，一心一意去杀敌人的将来都有重赏！"兵营里静悄悄地连个咳嗽的声音都没有，大伙儿就等着进军的命令了。

信陵君重新编排队伍，总共有8万精兵。信陵君亲自出马跑到最前面，指挥将士们向秦国的兵营冲杀过去。秦国的将军王龁没想到魏国的军队突然会来攻打，手忙脚乱地抵抗了一阵。平原君开了城门，带着赵国的军队杀出来。两边夹攻，打得秦国军队就像山崩似的倒下来。多少年来，秦国没打过这么一个大败仗。秦昭襄王赶紧下令退兵，已经死伤了一半人马。

赵孝成王亲自到魏国兵营来给信陵君道谢，又封给他5座城。信陵君不敢回国，把兵符和军队交给魏国的将军带回去，自己留在赵国。

智多星田单智高谋广

　　田单（生卒年不详），战国时齐人，是齐王室田氏的远房亲族。史书记载他在齐湣王时代曾任临菑市掾（管市政的佐理人员），在齐襄王时任过相国。田单主要活动于公元前301~公元前283年在齐湣王和齐襄王当政期间。

　　田单原是一个小官，并不知名，公元前285年，燕国派大将乐毅伐齐，长驱直入，大破齐国，连克70余城，最后仅剩莒、即墨二城未被攻下，燕军攻打齐安平时，田单正在那儿，他预先让亲族把车轴两端突出部分锯去，以铁箍包住轴头。当该城被攻破时，人们争门而出，都由于车轴头撞断，车身破坏走不了，被燕军抓住，唯独田单和他的亲族的车都没坏，逃到即墨城中。不久，燕军又围攻即墨，守城将领出战而死。大家都知道田单懂得军事，公推他当了将军，领导即墨抗击燕军。当时能以两个小城抗击已侵占70余城的燕军，长达数年之久，并终于获胜实为战争史上少见的战例。而田单在抗击和打败燕军的斗争中，充分发挥了他的军事才能，起了重大作用。

　　燕国将军乐毅围攻二城连年不克。田单使用反间计：宣传乐毅以伐齐为名，实际上想自己做齐的国王。如果派别的将领来，就守不住了。燕惠王听到这些谣言，很快就派骑劫来代乐毅统率燕军。这样一来，燕军将士都有了不满情绪，士气受到很大影响

　　田单为了提高齐军的士气，采取了许多重大措施：他下令城中人吃饭时先洒一些米粒祭奠先祖，引得许多"飞鸟翔舞城中下食，"燕人看了很奇怪。田单就宣传说是神仙来帮助他，还告诉城中人说："一定会

有神人来给我当老师。"偶然有一名小卒对田单说："我可以当你的老师吗?"说完就想逃走。田单马上把他追回来,让他面向东坐在长者席上,真当老师样侍奉。军卒只好老实对田单说:"我是骗你,实在没什么本领。"田单嘱咐他不要说穿,还当老师对待,每下什么号令,都说是神师的主意,齐军将士都坚决服从。田单还和士兵一起修筑工事,把自己的妻妾编在行伍中间,分散自家的财产和士兵共用,广大将士都决心奋死一战。为了麻痹燕军,田单叫强壮的士兵埋伏起来,让老弱女子登城守卫;派遣使者到燕军那里约降,并把集中起来的黄金千镒,由即墨富豪送给燕军将领说:"即墨就要降了,但愿不掳掠我们家族妻妾,保证他们平安无事。"燕军将士得知后,都非常高兴,松懈了斗志,放松了防备。

做好这一切战斗准备之后,田单在城内收集牛千余头,用火牛阵把燕军大败而退,大将骑劫被杀,齐军乘胜追击逃敌,一路上全部收复了被燕人夺去的七十余城。田单从莒城把齐襄王接了回来,到临菑听政,田单被封为安平君。

后来田单被任命为齐国的丞相。有一次他经过淄水,看见一位老年人过河,冷得不会动弹了,田单脱下自己的皮大衣给老人穿。这么件小事儿,也引起齐襄王的不满,竟然说:"田单向百姓施恩惠,是想取代我这国王啊!不早除掉他,后患无穷。"齐王臣下有个叫贯珠的,听了这话就说:"你这样做不好,应该把田单的行为变为自己的美德,你可以下令告知田单:'我担心百姓饥饿,你就给他们吃的;我忧虑百姓寒冷,你就解下自己穿的皮袄,你做的这些,正合我的本意。'这样,田单的善行也就是大王你的善行了。"齐王听了他的话,这样做了,老百姓互相议论:原来田单这样爱护老百姓,是咱们大王教的。虽然如此,还是有很多人在齐王面前说田单的坏话。因此田单做事十分小心谨慎,避免引起齐王的怀疑。有一次齐王听别人说田单看不起他,十分不满,就下令召见田单。田单了解到这个情况,就"免冠(不戴帽子)、徒跣

（光着脚）、肉袒（脱衣露出上半身）而进"，表示自己对齐王的尊敬和服从。过了几天，齐王消了气，才对田单说道："你并没有什么罪，只要你尽你为臣的礼，我保持我的君主权力，也就行啦！"齐王终于解除了对他的怀疑，杀了那个说田单坏话的人。多亏留下了田单，他后来领兵伐狄、伐燕、伐韩，都打了胜仗，为齐国建立了不朽的功勋。他担任丞相的要职一直到死。

秦魏大梁、华阳之战

秦国军队占领楚都郢之后，又占领了楚国西部大片领土，不仅在经济上收获丰硕，在军事心理上也达到高潮，士气空前高昂。于是秦国便乘胜战之威攻打魏国。

魏国都城大梁（今河南开封），地处平原，地形上无险可依，向来是难防的地方。秦军攻打大梁的方略，跟头两年攻打楚国都城郢的方略一样，采取了3路包抄方式：大将白起率领南路军，从楚国的方城（今河南方城县）和魏国的安城北进，攻击大梁的南面；秦相魏冉率中路军，出虎牢（今河南荥阳），攻击大梁的西面；胡伤率军从魏国的河内（今河南济源）越过济阳、外蒦，攻击大梁的北面和东面。这样，3路军就从4面包围了大梁。

公元前276年，秦将白起率南路军先投入战斗，占领了魏国的两座边城，然后开往大梁。这年冬天，赵惠文王见河内的地盘几乎都被秦军占去了，为了保护自家，派大将廉颇趁火打劫，占领赵、魏两国边境上的魏国几座城邑。

转过年，秦相魏冉率领的中路军也开始向大梁挺进。韩国国王僖见秦国野心很大，担心秦打垮魏国就该打韩国了。于是，派大将暴鸢率兵救魏。秦相魏冉见韩军来救，便先与韩战，只一战，韩军便溃不成军，留下了4万具死尸，韩将暴鸢逃到大梁去了。秦军乘胜又攻占了3座魏国城池。魏安釐王派芒卯率兵抵抗秦兵，也没扛住。秦军直逼大梁城下。

秦国大军把大梁包围了一年多，眼看城内魏军就要支持不住了，齐襄王着了急，他想秦国攻下大梁，实力更强了，齐国也消停不了啦。于是，发兵援救魏王。秦相魏冉又在大梁北面把齐军打败，打死打伤4万多人。秦军在战斗中又占领了一些魏国城池。

魏国一看韩军来救被打败了，齐军来救又被打败了，只好派使节再去求赵国援救，表示愿意把魏国的邺城（今河北临漳县西）送给赵国。赵惠文王和大臣们商议，认为邺城这块大肥肉不要怪可惜的，若帮助秦军，他们胜利了，也不会把邺这样大城邑给赵国。于是，答应出兵援助魏国。

公元前273年，赵、魏两国组成联军。向秦军占领的韩地华阳发起反攻。秦相命白起和胡伤率军自南北两面夹击，联军抵挡不住，丢下13万具尸体，败下阵去。魏军统帅芒卯收拾残兵败将，跑回大梁。赵军见魏军逃了，自己更打不过秦军，也夺路向黄河南岸溃逃，打算渡河回国。秦将白起率兵追来，又把赵军消灭了2万多。

秦将白起打败赵魏联军，再回兵向大梁进击，想乘胜一举灭了魏国，把所占领的地盘连成一片，隔断楚、韩、燕、赵之间的战略联系。这时，这几国也发现了秦国的这个野心，决心要搏一搏。魏国也努力开展外交活动，派须贾对秦相魏冉说："楚、赵几国都打算联合起来救魏，魏国也打算再征集30万大军守大梁。如果秦军一定要攻大梁不仅消耗巨大，说不定耗尽力量也攻不下哩！"秦相觉得须贾说的有道理，秦军应该适可而止。于是，提出让魏国割地给秦，秦军就停止进攻。魏国多数大臣反对割地。认为给秦国割地，就像抱柴火救火，只能使它的欲望更大。魏安釐王权衡利弊，还是决定把南阳割给秦，以换取秦国撤兵。这样，战争虽然结束了，魏国河西、河东、河内广大地区都落入秦国手中，从此更没有能力抗秦了。

秦赵长平之战

公元前261年，秦昭襄王派大将王龁（hé）进攻韩国，占领了野王城切断了上党和韩国都城的联络。这一来上党的军队可就变成了孤军。孤军的首领冯亭对将士们说："我想于其投降秦国，不如投降赵国。赵国得到了上党，秦国一定去争，这样，赵国就不得不和韩国联合起来，共同抵抗秦国。"大伙儿全都赞成这个办法。当时就打发使都带着上党的地图去献给赵国。

赵孝成王派平原君带领5万人马去接收上党，仍然派冯亭为上党太守。平原君临走的时候，冯亭对他说："上党归了赵国，秦国一定来攻打。公子回去之后，请赵王快派大军来，才能够打退秦军。"

秦国的大将王龁随后就把上党围住。冯亭守了2个月，一直不见赵国的救兵。将士们和老百姓急得没有办法．只好开了城门，拼着死命往赵国跑。冯亭的残兵败将带着上党的难民，一直跑到长平关这才碰见赵国的大将廉颇率领20万大军来救上党，可是上党已经丢了。

廉颇和冯亭会合在一起，正打算反攻，秦国的兵马跟着就到了，一下子把赵国的前哨部队打败。廉颇连忙退回阵地，守住阵脚，叫兵们增高堡垒，加深壕沟，准备跟远来的秦军对峙下去，做长期抵抗。王龁屡次三番地向赵军挑战，赵军说什么也不出来。两下里耗了足有4个多月，王龁想不出进攻的法子。他派人去禀报秦昭襄王，说："廉颇是个很有经验的老将，不轻易出来交战。我们老远地到了这儿，真要是这么长期对峙下去，粮草接济不上，可怎么好呐？"

秦昭襄王请应侯范雎出个主意。范雎说；"要打败赵国，必须先想个办法叫赵国把廉颇调回去。"秦昭襄王说：这哪儿办得到呐？"范雎说："让我试试看。"

过了几天，赵孝成王听到左右纷纷议论，说；"廉颇太老了，哪儿还敢跟秦国打啦？要是叫那年富力强的赵括去，秦国这点兵马早就给打散了。"赵孝成王派人去催廉颇快跟秦国开仗。廉颇还是不动声色地坚守阵地。这可把赵孝成王气坏了。他立刻把赵括叫来，问他能不能把秦军打退。赵括说："要是秦国派白起来，我还得考虑一下。如今来的是王龁，他不过是廉颇的对手。要是碰上我，不是我说大话，简直就像秋天的树叶遇见大风，全都得刮下来了！"赵孝成王一听，特别高兴，当时就拜赵括为大将，去替换廉颇。

公元前260年，赵括到了长平关，请廉颇验过兵符（两块可以符合的老虎形的信物，所以"兵符"也叫"虎符"），办了移交。廉颇回邯郸去了。赵括统领着40万大军，声势十分浩大。他下了一道命令，说："秦国来挑战，必须迎头打回去；敌人打败了，就得追下去，非杀得他们片甲不留不算完。"冯亭劝止他，把廉颇成心消耗秦国兵马的用意说了一遍。赵括说："老头懂什么？"

那边范雎一得到赵括替换廉颇的信儿，就打发武安君白起去指挥王龁。白起布置了埋伏，故意打了几阵败仗，把赵括的军队引了出来，切断了他们的后路。赵括的大军就这么变成了孤军。他们守了46天，内无粮草，外无救兵。赵括给乱箭射死，冯亭自杀，赵军全垮了。白起叫人挑着赵括的脑袋，叫赵军投降。赵军已经饿得没有力气了，他们一听说主将给杀了，全都扔了家伙，投降了。

白起一检查投降的赵军，一共有40多万人。他把他们分为10个营，每营配上秦国的士兵，由秦国的将军管理着。当天晚上，秦国的士兵把牛肉和酒都搬到赵国的兵营里去，给赵国的士兵大吃一顿，还说明天改编军队，凡是年岁大的、身体弱的，或者不便上秦国去的，都让他们回家去。40多万赵兵吃得酒醉饭饱，一听到这个命令，欢天喜地地睡觉去了。

王龁偷偷地对白起说："将军真这么优待他们吗？"白起说："上回你打下了野王城，上党已经可以到手了。可是他们反倒投降了赵国。可见这儿的人不是愿意归附咱们的。如今投降的人40多万，随时随刻都能叛变，谁管得住他们？你去通知那10位将军，今天晚上把赵兵全部杀了！"那些投降了的赵国人全给秦国人捆上，推到大坑里活埋了。这是战国时期最残酷的一次大屠杀。赵国40多万士兵，只留下240人，叫他们活着回邯郸去传扬秦国的威风。这还不算，秦国把上党一带17座城都夺了去。

秦王统一中国之战

秦国自孝公变法图强到秦王政即位，其间133年，军队越战越强，国土越增越多，实力超过了各诸侯国。这时。秦王政一改过去蚕食渐进的政策为急进鲸吞的政策，不失时机地发动了灭六国统一中原的战争。

秦王政斩了刺客荆轲，他恨透了燕国，当时就派王翦和王贲（bēn）父子二人加紧攻打燕国。燕太子丹亲自带着兵马出来交战，被秦军打得稀里哗啦。燕王喜和太子丹带着一部分兵马和老百姓退到辽东。秦王政非要把太子丹拿住不可。燕王喜逼得无路可走，只好杀了太子丹，向秦王政谢罪求和。

公元前225年，大将王贲灭了魏国，把魏王假和魏国的大臣全拿住，装上囚车，派人押到咸阳。秦王政用自己的马车亲自把王翦接到朝廷里来，当时就拜他为大将，交给他60万兵马，去攻打楚国。出兵的那天，秦王政亲自送到灞上（今陕西省西安市长安区东），在那摆上酒送行。

王翦的大军到了天中山（今河南省商水县西北），在那儿扎扎下来。楚国大将项燕带20万兵马，副将景骐也带了20万兵马，来向王翦挑战。王翦压根不去理他们。这样过了一年多，项燕没法跟秦军交战。他想："王翦原来是上这儿来驻防的。"就不怎么把秦国军队搁在心上了。没想到楚国人不防备的时候，秦军排山倒海似的冲了过去。楚国的士兵好像在梦里给人家当头打了一棍子，手忙脚乱地抵抗一阵，都各自逃命。项燕和景骐带着败兵一路逃跑。兵马越打越少，地方越丢越多。楚国的副将景骐急得自杀。楚王负刍（楚考烈王的儿子）当了俘虏。

项燕在淮上招募了25000壮丁，到了徐城，碰见了楚王的兄弟昌平君从寿春逃来。项燕说："吴、越有长江可以防御敌人，地方1000多里，还能够立国"。他就率领大伙儿渡过长江，立昌平君为楚王，准备死守江南。

王翦知道了昌平君和项燕退守江南，就叫蒙武造船。第二年（公元223年），王翦已经准备了不少战船，训练了几队水兵，渡过长江，进攻项燕。昌平君在阵上给乱箭射死，项燕叹了口气，自杀了。这一来，秦国想要兼并的六国只剩下燕、赵、齐三个了。

王翦灭楚以后，向秦王政告老，秦王政拜他的儿子王贲为大将，再去收拾燕、赵。公元前222年，王贲打下了辽东，逮住了燕王喜。接着他就进攻代城。代王嘉（也就是赵王）兵败自杀。燕国和赵国全部归并到秦国。

不到10年工夫，秦国把韩、魏、楚、燕、赵灭了。如今只剩下一个齐国了。

公元前221年，好几十万的秦国兵马好像泰山一样地压下来，多年没打仗的齐国的兵马哪儿抵挡得住？王贲的大军一进来，简直一点拦挡都没有。没有几天工夫就进了临淄，齐王建投降了。

齐国一亡，范雎的"远交近攻"的计策完全成功了。打这儿起，六国全都归并到秦国，天下一统。东周列国，经过"春秋时期"和"战国时期"500年的变迁，才汇成了一个大国。秦王政觉得自己的功劳威望比古时候的三皇五帝还大，就采用了"皇帝"这个名称。自己是中国头一个皇帝，就叫"始皇帝"。

秦始皇废除了分封诸侯的办法，采用了郡县制度，把天下分为36郡。郡下面再分县。每个郡由朝廷直接任命3个最重要的官长，就是郡守、郡尉和郡监。郡守是一郡中最主要的官长。

秦始皇还想从事于国内的改革，没想到北方的匈奴打进来了，连河南大片的土地也给夺去了。秦始皇派将军蒙恬（tián）发兵30万北伐匈奴，把河南收回来，又编成44个县。为了加强北方的防御，秦始皇下了决心，把原来燕国、赵国和秦国的长城连起来，又造了不少新的城墙，从临洮到辽东，筑成一道万里长城。

公元前214年，秦始皇发大军50万人，平定岭南，添了3个郡。第二年蒙恬打败了匈奴，又添了一个郡。两年增加4个郡，合成40个郡。秦始皇废分封，建郡县，筑长城、御匈奴，统一度量衡，做到车同轨、书同文，这些都是好事情；把战国混乱的割据局面统一而为东方大国，更是历史上的一件大事。

谋略家张良三拜良师

公元前218年春天，秦始皇在皇宫里呆闷了，要到外地走走。这一天，他带着大队人马，前呼后拥地来到博浪沙（在河南省原阳县城东郊）。大队正走着，走着，忽然哗啦一声一个大铁椎飞过来，把一辆车子砸个粉碎。秦始皇就在前面的车上，半截车挡飞到他跟前，差点砸在他头上。一下子车队全停下来了。武士们四处搜查，不一会儿就把刺客逮住了。

秦始皇命部下一定要把指使刺客的人查出来。可是，怎么审问刺客也不说，你再逼供，他一头撞过去，撞死了。

你道那刺客的指使是谁？就是从前韩国相国的儿子，他更名改姓叫张良（？～公元前186年），又叫张子房。张良的祖父、父亲都做过韩国的相国（就是后来的宰相）。韩国被秦灭掉时，张良还小，他决心要替韩国报仇。他变卖了家产，推说到外地去求学，离开了家。其实，他是要到外边找机会暗杀秦始皇。果然，他交上一个大力士，愿意替他效力。那大力士使的大铁椎足有120斤重（秦时的1斤是现在的半斤）。方才砸秦始皇车队的大铁椎就是那大力士抛出的，只可惜砸错了一辆车，没砸着秦始皇。

行刺不成，张良逃到下邳（邳 pī，在江苏省）躲了起来。为了给韩国报仇，他到处结交朋友。不久，他就在下邳出了名，人们都知道是一个很有学问的读书人，愿意跟他来往，可谁也不知道他是曾组织人刺杀秦始皇的韩国公子。

有一天，张良出去散步，走到一座大桥旁边，见一位老者身穿土黄色大褂，盘腿坐在桥头上，一只脚上下摇晃着，那只鞋一下一下拍着脚底，像在那儿哼歌打拍子。见张良走过来，那老者把脚一晃，那只鞋就飞到桥下去了。老头命令似的对张良说："小伙子，下去把我的鞋拣上来。"张良一听，怒火从心中燃起，可再一看那老头，人家眉毛、胡子全白了，额上的皱纹重重叠叠，怎么能跟人家发火呢？他就听从地到桥下去拣起那只鞋来，递给老人。谁知老者并不去接，只是把脚一伸，说："给我穿上！"张良一愣，觉得又好气，又好笑，干脆再让一步，跪下身子恭恭敬敬地把鞋给他穿上。老头这才微微一笑，大摇大摆地走了。张良又愣住了，天底下哪有这样人，人家替他做了好事，连声"谢谢"都不说，就走了。

张良盯着老人的背影，见他走起路来飘飘洒洒，又轻又快，心想这老人一定大有来头。于是，赶紧走下桥去，跟在身后，看他到哪儿去。走了一阵子，老人并不回头，却知张良在后面跟着，于是，老人家开口说："你这小伙子大概能出息，我愿教导教导你。"张良是个聪明人，赶紧跪下拜了几拜。说："我这儿拜老师了！"老头说："好！过5天，天一亮就来桥上见我。"张良连连称是。

到了第五天，张良一早就起来，急忙洗了脸，就到桥上去了。没想到，老者已先到了，正在那儿生气呢。他说："小子，跟老人相会，就该早点来，怎么还叫我等你！"张良忙跪下认错。老头说："好，你先回去吧，再过5天早点来。"说着就走了。

又过了5天，张良听到鸡叫就起床，脸也不洗，就向大桥跑去。张良还没上桥呢，就狠狠地拍自己后脑勺了，并自言自语地说："怎么又来晚了一步！"那老者瞪了张良一眼，说："又来晚了，再过5天再来！"说着又走了。张良拖着沉重的脚步往回走，只怪自己不够心诚。

这5天比50天还不好挨。好容易挨到第四天晚上，张良干脆瞪着眼睛等着。半夜一过，他就跑到大桥上去，在那儿等着老者。过了一会儿，那老者迈着方步一摇一摆地走来了。张良赶紧恭敬地迎上去。老者一见张良，脸上露出慈祥的笑容，说："这才对。"说着，拿出一部书交给张良，说："给你这部书好好读读，将来做一个有用的人。"张良小心翼翼地接过书，连连道谢，接着说："请问老师尊姓大名？"老者笑着说："你问这个干什么？"张良正想再说，那老者不理他，头也不回地走了。

好歹等到天亮，张良拿出书来一看，原来是一部《太公兵法》（太公，就是周文王的军师姜太公）。张良如获至宝，白天读，晚上读，把它读了个滚瓜烂熟。

后来，张良参加秦末农民战争，楚汉战争中做刘邦的谋士，为刘邦出谋划策，拿出许多良策，多为刘邦采纳，看来，这部兵书他没白读。

假上将项羽真成霸业

公元前210年，秦始皇带着大队人马到吴中视察。车队走在街上，黑车黑马黑旗，就像一条黑龙在地上滚动，威风凛凛，杀气腾腾。老百姓都站在街两旁，想看看秦始皇是个什么样。秦始皇干脆打开车帷子，让老百姓看个够。此时，从人群中挤出一个20多岁的小伙子，身材魁梧，两只大眼闪闪有神，嘴里嘀咕着："他有什么了不起，谁都可以代替他！"背后一个50来岁的大汉赶紧捂住他的嘴，把他拉走了。

这个小伙子不是别人，正是中国历史上威震一方的楚霸王项羽（公元前232年～公元前202年）。拉他走的那大汉是他的叔父项梁。

项羽的祖父就是楚国的大将项燕，后与秦作战失败，自杀身亡。项羽时刻想找秦始皇报仇，目前还未找到时机。

项羽的父亲早亡，由叔叔项梁教他念书，可项羽只念了几天，就不愿意念了。学文不行，项梁又教他学武。先是练剑，练了几招，也扔下了。叔叔骂他没出息，可项羽心中有自己的想法，他说："念书也好，学剑也好，都不如学习指挥的本领，那样一个能顶得上千万人！"

项梁听了项羽的话，觉得项羽很有志气，就说："那我教你兵书好不好？"项羽高兴得连声说好。项梁就拿出祖传的兵书一篇一篇地教他。可他学了几天又腻了。

后来，项梁打死了仇人，闯了祸，带着项羽逃到吴中，在那儿鼓动青年练武，学兵法。青年们都很喜欢项羽，他力大无比，连千斤重的大鼎（一种供器，三条腿，两个耳子，用铜或铁铸成）也举得起来。

等到陈胜、吴广在大泽乡起义，项梁、项羽立刻在吴中起来响应。他们先杀了会稽郡守，占领了会稽郡，几天工夫就拉起了8000人的队伍。然后打过长江，很快打下广陵（今扬州市广陵区）。那时候刘邦也投了楚，项羽跟刘邦一起，打了好几个胜仗。

公元前207年，秦国的大将章邯带30万大军包围了赵国的巨鹿。赵国派使节哭着向楚国求援。项羽一听就火了，他要报仇，正想跟秦军拼个死活。对楚怀王说："一个章邯都打不了，还怎么灭秦！我们应当马上出兵。"楚怀王答应他去，但又担心项羽势力大了不好控制，又派了一个叫宋义的当主将，让项羽当副将。

宋义、项羽带20万大军开到安阳，一打听秦军十分强大，就停了下来。一停就是10多天，急得项羽心如火焚，跑到大帐里，要求宋义出兵。宋义把架儿一端，说："穿铠甲、拿兵器跟敌人交锋，我比不上你；在帐篷里出计策，那你可比不上我了。"到了冬子月，天很冷，士兵又缺粮，宋义整天在大帐里喝酒作乐，还下了一道命令不许进兵，谁要不服从，都得砍头。这话明明是对项羽说的。

项羽实在耐不住了，又去见宋义，对他说："国王把军队交给了将军，不光为了救赵，实在为灭秦。将军按兵不动已46天了。您也该听听将士们的意见呀！"宋义听了拍案而起，愤怒地说："你反了吗？怎么敢不服从我的命令！"项羽本来不服宋义，见他又这样对自己，趁势拔剑将宋义杀死。项羽对将士们说："宋义违背大王命令，按兵不动。我奉大王密令将他治死。请大家跟我一起出征。"将士们本来就不满宋义，都说："首先立楚国的，原是将军一家。现在将军就该是上将军，统领全军。"于是，项羽打发人去报告楚怀王，楚怀王也只好听之任之。

项羽杀了宋义，立刻向秦军发起攻势，直杀得秦兵四处逃散，尸横遍野。各路诸侯听见楚军喊声震天，都登上壁垒观看，看见楚军像老虎似的朝秦兵扑去，吓得睁着眼睛，连气都喘不过来，哪里还敢出来打仗？直到项羽打败了秦军，一个个才到项羽的大帐里来施礼祝贺，表示愿听项羽指挥。

大将韩信忍胯下辱深谋远断

项羽称霸之后，封了18个诸侯，其中他最不放心的就是刘邦。所以，他把刘邦封到比较偏僻的南郑去，刘邦很不甘心。到了南郑，他养精蓄锐，加紧训练部队，准备将来跟霸王夺天下。可是，将士们都不愿意在这困难的环境里生活，天天有人开小差。刘邦为此很犯愁。

一天，刘邦正在发愁，忽然有人来报："丞相萧何逃走了！"这真是火上浇油啊，刘邦差点气了个倒仰。马上派人去追。到第三天才见萧何回来。刘邦气呼呼地问："你怎么也逃了？"萧何说："我怎么能逃，我是去追逃跑的人去了。"刘邦问："你去追谁呀？"萧何说："是韩信（？～公元前196年）。"

韩信是什么样的人？萧丞相为什么要亲自去追他？

韩信是淮阴人，小时候读过些书，也拜师学过武，文的武的都有两手。后来父母都死了，他日子不好过，一个人在淮阴城下钓鱼。钓到了，就卖几个钱；钓不到，就饿肚子。

韩信虽然很穷，可他总像个武士一样，身上挎着一把宝剑。城里有些少年瞧不起他，常取笑他。其中肉铺老板的儿子很刻薄，挖苦他说："你老戴着剑，好像有两手，我知道你是个胆小鬼。你敢跟我拼一拼吗？你若敢，就拿剑来刺我；若不敢，就从我裤裆底下钻过去！"说着，他就岔开两条腿。韩信把他上下打量了一会儿，就趴下去，从他裤裆底下钻过去了。看热闹的人全乐了，韩信也只好附和着咧嘴笑了一下。打这儿，人家就给他起了外号，叫"钻裤裆的"。

那一年，项梁发兵路过淮阴，韩信就带着宝剑去投军，在楚军里当了一个小兵。项梁死了，韩信又跟着项羽当兵。项羽看他挺机灵，就让他在身边当执戟郎中。韩信好动脑筋，常想出点计谋来献上去，但项羽都没采纳，一个小兵怎么能参与大将的计谋哩！鸿门宴上，韩信见刘邦大度能容，能成大事。就下了决心投奔刘邦，他认为投一个没成势的主人准能受到重用。

可是，韩信从陈仓跋涉到南郑，刘邦仅给了他一个芝麻小官。后来韩信认识了萧何，两人多次长谈，萧何认定韩信是个人才，极力在汉王刘邦面前保举他。

汉王听了不以为然，岔开话头说："难道咱们一辈子都待在这南郑吗？什么时候才能打出去呢？"萧何说："只要有大将率领大军，就能打出去！"汉王说："上哪里去找大将呢？"萧何说："只要大王肯重用，大将已经找到了。"汉王急切地问："谁呀？在哪儿？"萧何说："淮阴人韩信，就在这儿。"汉王皱着眉头说："哎，钻裤裆的还能当大将吗？"萧何又说了一大串，汉王只是摇头。

过了一天，萧何见汉王又说："大将有了，请大王决定吧。"刘邦眉开眼笑地说："那太好了，谁呀？"萧何很坚决地说："韩信！"汉王立刻收了笑容，说："若是拜他为大将，不但三军不服，项羽知道了也要小看我们，他的执戟郎中，到我们这么竟当了将军！请丞相别再提了。"

萧何连连碰钉子，也不好再举荐了。可是，汉王又偏偏找他商量，说："咱们打不回去，困在这儿，士兵天天开小差，怎么办呀？"萧何说："得先拜大将。"汉王说："又是韩信，是不是？不行？你想想：从沛、丰跟我打过来的将士立了多少大功呀，任了韩信，人家不说我用人不公吗？"萧何说："自古以来英明的君王用人，主要是看他的才能，并不计较他们的资历。"汉王说："叫韩信安心，以后有机会再用他。"

韩信看着自己不被任用，骑着马出去了。萧何知道了，带着人马就追，追到月亮升起，好歹追上了，死乞白赖地把韩信劝了回来，说是"汉王如果再不任用，跟他一块逃。"

汉王见萧何追回的是韩信，就生气了。说："逃走的将军也有十几员了，没听说你去追过哪一位，为什么偏偏去追一个钻裤裆的！"萧何说："将军有的是，韩信却是独一无二的。大王要是准备一辈子躲在这山里，就用不着韩信；要是想打天下，那非用韩信不可。"一席话说动了汉王，他说："那就让他做个将军怎么样？"萧何说："那他还得走。""那就拜他大将吧！"萧何高兴地说："这是大王的英明，国家的造化。"

韩信当了大将，对当时的形势做了精辟的分析，提出了汉王取胜的战略思想。汉王听了极为兴奋，只恨自己没有早些拜韩信为将。后来，韩信在破魏之战、破齐之战、垓下之战等战争中，多谋善断，英明指挥，为汉朝的建立树立了不朽功勋。先后被封为齐王、楚王。后来不幸被吕后所杀。

韩信灭齐之战

公元前204年7月，刘邦被项羽赶出成皋，逃到武修，刘邦认识到必须开辟新的战场，分散楚军的力量，才能击破它。在那时，分散楚军的最好办法，就是对楚国的后方齐国发动进攻，吸引楚军抽一部分兵力去救齐，成皋这边剩下一部分楚军，就好打了。

这样定夺以后，刘邦就派张耳守备刚刚征服的赵国，拜韩信为相国，令他率曹参、灌婴等将领一起伐齐。齐王田广听说韩信来攻，派重兵住在厉下（今山东济南），准备坚决抗战。不料这时刘邦又拿出另一手；派郦食其来到齐国，软硬兼施劝齐国降服，齐王扛不住这一手，答应弃楚降汉。

韩信正在行军路上，得知齐已降汉，就要停止前进。谋士蒯通劝道："将军奉命进攻齐国，而汉王又派谋士说降齐国，难道有命令叫你停止前进吗？况且，郦食其仅凭一张嘴，就降服了齐国70余座城邑，将军率数万人马，奋战一年才拿下赵国50余座城邑，难道将军还不如一个臭书生吗？"一席话说得韩信无话可说，就命令全军渡过黄河攻齐。

这时，齐军虽然还驻在厉下，但是由于齐王宣布降汉了，所以早已不设防了。韩信率兵轻而易举地进了厉下，然后又向齐都临淄进击。齐王见韩信大兵来犯，认为郦食其是欺骗他，先把郦烹杀，然后仓皇逃走。韩信破了临淄还不住手，又向东追击齐军。齐王眼看着齐国要灭亡，只好向楚国求救。

当汉军攻入齐都临淄，齐王向楚国求救时，项羽正在荥阳、成皋间与汉将彭越、卢绾、刘贾等游军周旋。项羽心里明白：韩信攻齐是在抄他的后路，对楚威胁很大。于是，项羽毫不犹豫地派将军龙且率20万大军救齐。

龙且率兵向城阳、琅琊急进，先与逃到那里的齐王会合。韩信得知龙且来救齐，在潍水地区集结军队，准备跟龙且决战。龙且与齐王相会后，商议如何攻打韩信，有人认为："汉军乘胜而战，士气正旺，不可急战，不如坚守待机，让齐王通知各城邑：齐王还健在，楚国救兵已到，齐人必起来反抗汉军。民众不支持汉军，他们用不了多久就得败走。"龙且向来瞧不起韩信，他根本听不进去缓战的意见，急于跟汉军决战，以建功勋。

不久，齐楚联军就开到潍水前线，隔水跟汉军对阵。韩信为了把敌军兵力分开，给自己造成兵力上的优势，命令士兵在潍水上游，用1万条沙袋将潍水堵住，然后率军从沙袋上过河向敌军发起进攻。龙且出兵迎击，韩信边战边退。龙且心中高兴，认为韩信胆怯，不堪一击，命令士兵过河追击。等齐楚联军有一半渡过潍水，汉军突然掘开上游的沙袋，大水滚滚而来，把龙且的军队分离在东西两岸。韩信指挥全军向河这岸的联军发起猛烈攻击，把联军打得落花流水，龙且也被战死。河那岸的联军，见对岸的兄弟被歼，都吓得望风而逃。汉军乘胜过河追击残敌，没费多大劲，就占领了齐国，活捉了齐王。

这样，韩信攻齐不仅是吸引了项羽的主力部队，减轻了成皋战场上楚军对汉军的压力，还在齐国消灭了楚军的有生力量。对成皋战线形成了两面夹击楚军的态势，为汉军在成皋之战的胜利和彻底歼灭楚军奠定了有利的基础。

楚汉垓下之战

楚汉两家连着打了4年仗，经过大小100多次战争，谁也消灭不了谁，最后只好以鸿沟为界，"中分天下"。达成协议之后，项羽把在彭城之战中俘虏的刘邦的父亲和妻子归还给刘邦，率领大军向东撤去，按说可以实现和平了。可就在这时，张良和陈平又有了新主意，他们跟刘邦说："现今大王已得天下的大半，诸侯都来归服大王；而楚军已精疲力尽，又没有后援，不抓住这个机会消灭他们，以后就不好打了。"刘邦听他们说得有理，立刻带兵追击项羽。并派人通知韩信、彭越发兵南下，共同对付楚军。

公元前203年10月，项羽率10万大军在阳夏停下，准备与汉军决战。刘邦追到阳夏也停了下来，等待韩信、彭越大军到来再攻击项羽。项羽知道韩、彭的队伍来到，主动开始反击，把汉军打得丢盔卸甲，退入壁垒深堑再不敢出来了。

刘邦坐在大帐中纳闷：韩信和鼓越的兵该到了，怎么还不来呢？张良说："我们占领了那么多楚地，韩信、彭越没得到封地不高兴，所以没来。如果能跟他们平分天下，他们马上就会来。"刘邦采纳了张良的建议，命人告诉韩信，汉王决定把陈以东一直到海边的大片土地，都封给他。告诉彭越把谷城一带封给他。命他们赶快出兵夹击项羽，韩信、彭越接到通知后，果然马上率兵前来。

韩信率数万雄兵向南滚滚而来，他命先锋灌婴先打下楚都彭城，将楚国上柱国、抓住，然后挥师向萧、鄢猛进，迅速攻占了谯、苦，直插到项羽背后，形成了与刘邦夹击项羽的形势。项羽见大势不好，向垓下

（今安徽灵璧）败退。

刘邦和韩信兵合一处，拼命追击项羽。这时，汉将周殷、英布、刘贾、彭越的部队，各自歼灭了大批楚军之后，也赶来与刘邦会师。各路大军合在一起足有30多万，由韩信统一指挥，向楚军追来。到了垓下，项羽已列好了阵势，准备用他仅有的9万残兵做最后的抵抗。

韩信一到垓下，就赶紧布阵：命孔将军在左路，费将军在右路，自己做中军，刘邦在后。布置停当，韩信亲自带兵冲向楚军，项羽不畏强敌立刻进行反击。战斗开始，韩信失利后退，项羽乘胜追击，哪知道，他一追来，孔将军率兵从左面杀来，费将军从右面杀来，韩信回身从正面杀来，楚军受到三面夹击，遭到惨败。韩信指挥30万大军把楚军层层包住，楚军成了好几层皮的包子馅，打也打不了，逃也逃不成，深深陷入"十面埋伏"。

一连十几天，项羽命部下坚守不出。然而，三军的粮没了，战马的草没了，怎么办呀？这时，韩信为彻底瓦解楚军，采取了攻心战术：在夜深人静时，把会唱楚国歌曲的人都找来，一起大唱楚歌。楚兵内无粮草外无救兵，早就军心浮动了，这会儿，一听到家乡的歌，更想起父母、妻儿，谁还愿意在这儿等死。开头，还只是三三两两地开小差，后来，干脆整批地溜走了。连跟随霸王多年的季布、钟离昧也暗地里走了。项羽的叔叔项伯，也偷偷地投了张良。大将一走，小兵一哄而散。到后来，只剩下几千子弟兵了。

项羽见到这种形势，非常伤心，在大帐中与爱妻虞美人伤心地饮酒。虞美人悲哀地唱道："汉兵已略地，四方楚歌声。大王意气尽，贱妾何聊生？"唱罢拔剑自刎。项羽泪流满面，将士们泣不成声。项羽一跺脚，骑骓马，带领800骑兵趁夜突围，向南逃走。

天亮了，韩信发现项羽逃走，便命灌婴率5000骑兵追击。到这时项羽还不服输，对部下说："至今我起兵8年，打了70多仗，从未败北。今日至此，是天灭我，不是我作战的过失。"项羽逃到乌江，乌江亭长接他，劝他过乌江，在江东称王。听到"江东"二字，项羽面红耳赤，笑道："当年我率江东8000子弟过江西，如今没有一个生还，我哪还有脸去见江东父老？"说完自刎而死。楚汉之争，到此完结。

郎中虞诩善用奇兵

虞诩（生卒不详），字升卿，陈郡武平县（今河南鹿邑西北）人，主要活动于东汉安帝，顺帝时期（公元107年～144年）。自幼聪明好学，12岁即通《尚书》。历任郎中、县令、太司、司隶校尉及尚书令等官。以不畏权贵及敢于直谏而闻名于世。他兼有"将帅之略"，是一位优秀的军事将领。

虞诩初在太尉李修府中任郎中。永初初年，凉州陇西羌族人民起兵反汉，邓太后命邓骘率军5万前往镇压。于冀县、平襄两败于钟羌及先零羌，损失近万人。但回京后反而升为大将军。

公元110年，邓骘因兵役经费不足，欲弃凉州以集中力量经营北部边防，众官不敢辩驳，事情将成定局。虞诩闻知后，急向太尉李修进言。从地理及战略上，分析了凉州屏蔽关中的重要意义，又从事物的发展上，分析了凉州居民勇悍善战，若弃而强令迁徙，将可能激化矛盾，引起民变，使大局不堪收拾。李修认为可行，遂由李修出面请求再议，与会公卿都同意虞诩的见解及办法，于是照此办理，否定了邓骘的提案。

邓骘因虞诩竟敢反对他的意见，极为不满，想法害他。正好，朝歌（河南古城，商朝国都）人宁季，起事叛乱，攻杀官吏，有众数千，已屯聚连年，州郡没法管理。邓骘遂任命虞诩为朝歌县长。虞诩的好友都为他担忧，他自己却坦然对之。他说："实现目标不要想得那么容易，办事不要回避困难。不遇盘根错节，怎么能显着利器。"

虞诩到任后，将曾经犯过抢劫，盗窃的人，征集起来，共百余人，免其前罪。命他们混入宁季军中为内线，诱其来掠，虞诩则伏兵以待，结果击杀数百人，大挫宁季的锐气。虞诩又派裁缝潜至宁季等屯聚之处，为其部众缝制衣服时暗中缝上记号。只要进入市镇，即被抓获。宁季部众惊骇而散，朝歌复安。

公元111年开始，滇零军由冯诩渡黄河攻河东郡（今山西永济东南），又转至上党郡（今山西省东南部）、河内郡（今河南沁阳），直接威胁了东汉首都洛阳。骑校尉班雄，统大军屯驻冯诩河东、河内等郡，结果被滇昌的将军杜季贡所击败。司马钧、庞参撤职查办，班雄亦为中郎将任尚所更代。虞诩这时因朝歌之功，已升任河内郡治怀县县令。

用骑兵作战，当邓太后认为虞诩有"将帅之略"，遂升之为武都（今甘肃省东南部）郡太守。

虞诩受命后，率属吏及少量兵力赴任。羌军数千在陈仓（今陕西省西部）之崤谷（今陕西省宝鸡市西南大散岭上）阻截。虞诩立即止军不进，扬言将上书请兵，候援军到时再进。羌兵信以为真，遂分散去旁县抢掠。虞诩乘机兼程而进，日行百里。在宿营时，又命士兵每人挖筑两灶，每天增加一倍。羌军见虞诩突过崤谷，急忙集中兵力追击。当他们见到汉军营地灶数，日渐增加，以为增援虞诩的军队已到，未敢再追。

虞诩到郡后，总兵力不过3000人。这时羌军万余，已围攻赤亭数十日。虞诩率军入援赤亭，在与羌军对阵时，下令军中不许发射强弩，只用小型弩战斗。羌军误认汉军弩小力弱不能及远。时间一久即无所畏惧，竟集中兵力，以密集人群发动冲击。这时虞诩下令使用强弩，二十弩共射一人，发无不中。羌兵大出意外，惊骇而退。虞诩率军奋击，杀伤甚多。

次日，虞诩又制造假象，迷惑敌人。他令城中军队，整队从东门出、由北门进，更换服装后，再换门进出，如此数次。羌军也不知汉军究竟有多少，产生畏惧。虞诩判断羌众可能撤退，于是潜派500精壮士兵，在城外羌军撤退必经的河流水浅处设伏。羌军果然如虞诩所料，徒涉渡河后退。汉军伏兵突然发动袭击，大破羌军，斩获甚重。

冒顿单于善射鸣镝

冒顿（？～公元前174年），匈奴族人，头曼单于之子。他以武力统一了我国北疆，建立起一个东起辽河、西逾葱岭的奴隶制强大军事政权，是我国古代军事史上杰出的军事统帅。

匈奴是我国北方的一个古老民族，长期过着"逐水草迁徙"的游牧生活。全民皆善骑射。当冒顿的父亲头曼为单于时，曾送冒顿至月氏（yùzhì）为质。后在双方发生战争时，冒顿夺马逃回。头曼以其勇敢，"乏将万骑"。然而，冒顿对父亲送他当人质不满，一旦军权在手，就开始谋划夺权。冒顿首先将他指挥的万骑训练成只对他个人忠诚的部队，他做了一种"鸣镝"箭，也就是响箭。在训练时，规定将士必须射鸣镝所指的目标，不遵者立斩。一次冒顿以鸣镝自射其良马，左右不敢射者，冒顿斩之。不久，冒顿又以鸣镝自射其爱妻，左右惶恐不敢射者，冒顿又斩之。以后冒顿又以鸣镝射头曼单于的良马，左右部属已无一敢不射者。于是，在随头曼出猎时，以鸣镝射头曼，左右皆射。射死头曼以后，又杀其后母及弟弟等人，于秦二世元年（公元前209年）自立为单于。

冒顿掌权后，东胡乘冒顿在内部统治尚不巩固时，遣使向冒顿索取头曼单于的千里马。冒顿部属都认为千里马是匈奴的"宝马"，主张不给。但冒顿却说："奈何与人邻国而爱一马。"将千里马送给了东胡。东胡得寸进尺，又来索要单于的妻子。左右都很愤怒，冒顿仍然不动声色，说："奈何与人邻国而爱一女子。"又满足了东胡的要求。东胡认为冒顿畏怯，因而骄傲。当时双方之间有缓冲地带约千里，东胡企图占为己有，又派人来索。冒顿左右认为"此弃地，予以亦可。"冒顿大怒，说："地者国之本也，奈何予之。"此时，冒顿实力已经强大，当即率军东进。东胡毫无战斗准备。冒顿袭击一举戚功，击杀东胡王，俘虏了大批人口畜产，扩大了战区。

冒顿乘胜又西击月乐，将其逐出河西走廊。同时还征服了楼兰、乌孙等20余国，控制了西域的广大地区。然后又征服了北面的浑庾、屈射、丁零、鬲昆、薪犁等小国，兼并了南面的楼烦、自羊河南王等，统治区域扩大到南起阴山，北抵贝加尔湖，东尽辽河，西逾葱岭，有"控弦之士30万"。

冒顿在统一北方疆域的同时，进行一系列的政治、经济改革，制定了必要的制度和法律，创建了我国北方以匈奴为主体的第一个强大的奴隶制军事政权。

汉高帝六年（公元前201年），冒顿率军南进，包围了马邑（今山西朔市），韩王信投降。冒顿遂令韩王信为先导，继续向汉统治区深入。次年初，刘邦率军击韩王信。当时冒顿正在上谷（今河北省怀夹县）附近，刘邦派人以出使为名侦察情况至冒顿处。冒顿将精锐部队全部隐蔽，汉使不察，误认冒顿军老弱居多。遂向刘邦汇报。刘邦便率32万大军北击匈奴。当时正值寒冬，风雪交加，天寒地冻，汉军将士十之二三冻伤手指。沿途几次小的接触，匈奴军皆佯败退走。刘邦自率骑兵先行追击至平城（今山西大同）。而冒顿此时已率近40万骑兵潜伏于平城以北地区。当刘邦进至白登（今大同市东北30里）时，冒顿迅速部署部队将刘邦包围于白登山上。冒顿的骑兵，西方尽白马、东方尽青马、北方尽黑马、南方尽黄马，军容极为壮观。刘邦被迫用陈平之计，遣使厚赂冒顿的阏氏。阏氏遂为刘邦开脱，向冒顿说："两主不相困，今得汉地而单于终非能居之地。"这时韩王信的军队失约未至，于是解一角围，放刘邦撤走。

此后，冒顿不时攻掠汉之代、雁门及云中等北部边郡。刘邦采取和亲政策，以宗室女称为公主，嫁单于为妻，并岁赠冒顿絮、缯、酒、米等物，结为兄弟。公元前174年，冒顿去世，他统治匈奴36年。

东汉征西域之战

西域各国自西汉武帝派张骞去抚定之后，一直在汉朝派的校尉或都护的管辖之下。王莽篡位以后，顾不得管西域，西域各国纷纷投靠匈奴。到东汉永平年间，北匈奴胁迫西域各国进犯河西地区，汉明帝才派窦固一边对付匈奴，一边去联络西域各国。

公元73年，窦固派青年将军班超和郭恂等36人，带着礼物去结交西域各国。

班超先到了鄯善（shànshàn），鄯善王热情接待他们。过了几天，鄯善王突然不那么热情了，供给的饭菜也不那么丰盛了。班超想这里一定有问题。有什么问题呢？班超断定是北匈奴的使节来争夺了鄯善王怕得罪匈奴使节，才故意冷淡汉使。刚巧这时鄯善王派仆人送酒饭来了，班超冷不防地就问他："北匈奴使节来好几天了？现在还没走吗？"班超这么一问，仆人以为班超全知道，不得不如实地说："匈奴使节来了3天了，我们大王又恨他们，又怕他们，正为难呐。"

当天夜里，班超率领36个弟兄秘密潜入北匈奴使者的营地，前后鼓噪，放火烧营，在混乱中杀死北匈奴使节和他的随从。第二天，班超去见鄯善王，把北匈奴使节的头扔给他看，鄯善王大吃一惊，表示只要汉朝帮他抗击匈奴，他愿意跟汉朝联合。为了表明他的诚心，还派他的儿子到洛阳学习汉朝文化，实际是作人质。

班超的第二站是于阗国（西域古五国名），于阗国王已知道了班超的厉害，不接待是不行的。可他那儿住着北匈奴的使节，真叫他左右为难。于阗王信巫术，巫士对他说"天神也讨厌汉使"，"应用汉使的马来祭祀天神"。于阗国王便派人向班超要马。班超知道是巫士在捣鬼，就说马有好多匹，让巫士自己来挑。巫士不知好歹，果然来挑马，班超把他的脑袋割下来，送给鄯善国王，并说："这个人头跟匈奴使者的头一个样。你跟汉朝和好，两国都有好处；你要勾结匈奴，我们的剑可不是吃素的！"于阗王知道班超杀驻鄯善北匈奴使节的事，害怕他也来这一招。干脆自己动手把北匈奴使节杀了，把人头交给班超，表示坚决附汉。班超这才把带来的绸缎、布匹等大批礼物送给于阗王和他手下的大官们。

公元74年春，班超一行到了疏勒国。班超先派田虑去见疏勒王兜题，并对田虑说："疏勒王不是疏勒人，而是龟兹国王所立，疏勒人不喜欢他。如果他不投降就把他抓起来。"田虑到疏勒后，兜题见他人马很少，不愿投降。田虑乘他不防，把他抓了起来。兜题手下的人惊慌失措，四散逃跑。班超赶到，召集疏勒官员声讨龟兹的罪行，改立疏勒人为疏勒王。疏勒人高兴非常，要求杀死兜题。班超考虑到下一步还要做龟兹的工作，不能搞僵了关系，就把兜题放回龟兹。

公元78年，班超联合康居、疏勒、于阗、杆弥之兵，攻破姑墨。这时，汉章帝派徐干带兵来增援。班超与徐干合在一处，先攻打反叛的疏勒都尉潘长，歼敌1000多人。然后，班超连结乌孙，大举进攻龟兹。

公元84年，班超调集疏勒、于阗之兵，跟汉军一起进击莎车。莎车国王诱使疏勒王叛汉，班超先回师伐疏勒，杀死疏勒国王。到了公元87年，班超才又和于阗兵一起再次攻打莎车。龟兹王用5万兵马援助莎车。班超佯装分两路撤退，诱使莎车王和温宿王分兵来截。等到两路敌兵开走去截汉军。当夜班超就向莎车军营发起猛攻，一举歼敌5000多人，莎车王被迫投降。

这时，新疆北部的月氏国派重兵来攻班超。班超对将士们说："月氏虽然兵多，但他远离数千里而来，用不了几天，就得断粮，而向我们投降。"月氏兵来到疏勒城下，班超坚守不出。没几天就断粮了。班超知道月氏没粮必到龟兹去补给，就在通往龟兹的路上设下埋伏。月氏兵果然开了过来，汉军两面夹击，月氏受到严重损失，只好向班超请罪，并立刻撤军回国。这一大战震撼了整个西域。

次年，龟兹、姑墨、温宿诸国都来投降班超。班超把他的都护府移到龟兹的乾城。公元94年，班超尽发龟兹等7国之兵，进讨焉耆，一举成功。从此西域50多国均归属东汉，再一次打通了中原与西方交流的道路。

汉新昆阳之战

公元前23年，更始皇帝刘玄派王凤、王常、刘秀他们去进攻昆阳（今河南省叶县），昆阳兵力薄弱，很快地就给王凤、王常、刘秀他们打下了。接着，他们又打下了临近的定陵和郾城（今河南漯河）两个县。

王莽听到了汉军立刘玄为皇帝，又打下了昆阳，围攻宛县，急得坐也不是，站也不是，急派王寻、王邑集合了42万人马，直奔昆阳。昆阳的汉军将士在城门楼上往远处一望，只见浩浩荡荡全是王莽的军队。有的人害怕了，准备散伙。刘秀对他们说："这是最紧要的关头，必须顶得住。咱们兵少粮少，全靠同心协力才行。大丈夫，英雄汉，万万不能灭自己的志气。"昆阳城里当时只有八九千人，王寻、王邑的头一批人马就有10万。刘秀请王凤和王常只守不战。自己带着李轶他们13个人骑上快马，趁着黑夜冲出南门，往定陵和郾城去调兵。刘秀到了定陵和郾城，要把这两个地方的兵马都调到昆阳去，将士们可不大愿意。刘秀就对他们说："现在咱们到昆阳去，把所有的人马都用上，打败了敌人，就可以立大功，成大事。要是让敌人打过来，咱们打了败仗，连命都保不住呐！大丈夫做事，得站得高，看得远。"将士们这才勇气百倍，放弃了定陵和郾城，跟刘秀直奔昆阳。

刘秀带着步兵和骑兵1000多人作先锋。到了离王寻、王邑的大营4、5里地的地方布置了阵势。王寻和王邑一瞧，前面才这么一丁点人，只派了几千士兵去对敌。刘秀突然冲过去，一连杀了几个敌人。将士们见了都来了劲头。这样，汉兵一个抵得上敌人10个。汉军赶上来杀了上千的敌人。刘秀带着敢死队直冲过去，专打中军大营。王寻、王邑自己带着1万兵马跟刘秀的3000人交战，还真打不过，不一会儿就乱了队伍。汉兵越打越有劲。王寻想显点本领，还要往前冲。汉兵知道他是大将，立刻把他围上，乱砍、乱刺，结果了他的性命。王邑瞧见王寻被杀，慌忙逃跑。

城里王凤、王常一瞧城外打赢了，开了城门打出来。两面夹攻，喊声震动了天地。王莽的大军听到主将被杀，副将逃了，全都慌了神，乱奔乱跑，自相践踏，沿路100多里都有尸首倒着。

汉兵正杀得高兴，忽然瞧见一个怪人带着一群猛兽冲过来了。那个怪人叫巨毋霸，有一丈来高，身子像公牛那么壮。他能训练老虎、豹、犀牛、大象。王莽拜他为校尉，让他带着几只猛兽和一批扮作猛兽的士兵出来助威。汉兵哪儿见过虎豹出来打仗的。没想六月的天气变化无常，突然"轰隆隆"一声响雷，接着大豆似的雨点像天塌了似的往下直倒。那些身上涂着颜色扮作老虎和豹的士兵给浇得直打哆嗦，不但不往前冲，反倒窜到后面去了，巨毋霸也只好往后退。一群猛兽都向巨毋霸挤过去，把他挤到河里。

汉军一看可高兴了。个个生龙活虎似地直往前追。王莽的大军好像决了口子的大水向后倒去，把人都挤到河里，淹死了1万多人，各地征调来的兵将都四散逃跑了。

这时刘玄又派王匡去进攻洛阳，大将军申屠建和李松去进攻武关（陕西省商南县西北）。王莽急得要命，他临时拜了几个将军，把囚犯都放出来作为士兵，凑成了一支军队，往东去抵抗汉兵。

这些临时凑合起来的士兵，刚一出发，有的就逃散了。剩下的好容易到了战场，勉勉强强跟汉兵打了一仗，几个将军死的死，逃的逃，士兵大多数不愿卖命，都一哄而散。

王莽穿着礼服，躲到太液池里的一座楼台上去。那楼台叫"渐台"，四面都是水，只有一座桥可通，汉军冲进台上的内室，咔嚓一刀，就把王莽杀了。到此，仅仅维持了15年的王莽新朝垮台了。

大司马吴汉持重不苟

吴汉（？～公元44年），字子颜，东汉初南阳宛县（今河南南阳宛城区）人。吴汉少时家贫，曾当过亭长。王莽末年，因宾客犯法，逃亡至渔阳，贩马为业。更始立，渔阳太守彭宠知其贤，拜为安乐令。后追随刘秀，是东汉初的著名大将。

公元23年冬，王郎于邯郸称帝自立，迫使刘秀据守广阿。这时的渔阳太守彭宠，是附刘还是附王，举棋不定。部下多数认为邯郸势大，欲归附王郎，独吴汉认为刘秀尊贤下士，可成大事，力主附刘。并向彭宠进说："刘秀乃当世英才，实可信赖。将军如能带精骑，归附刘秀而往击邯郸之王郎，将是一大奇功。"同时暗调渔阳之兵，以坚彭宠之心。于是彭宠意决，归附刘秀，派遣吴汉率精兵与上谷诸将合兵南下，杀斩王郎大将赵闳，投刘秀于广阿，被刘秀任为偏将军。后攻破邯郸，刘秀又赐吴汉为建策侯。

邯郸虽下，河北各地方势力仍盘踞四方，称王称霸。刘秀拟出兵四讨，拜吴汉为将军，征调各郡兵马。幽州牧苗曾不肯听命，拒不应调。吴汉20名亲兵，以其智勇先至无终。苗曾见吴汉只带少数亲兵，不以为然，出来迎接，吴汉乘其不备，杀死苗曾，夺得兵符。因此，北州震慑，各城邑莫不望风服从，发兵来会，得数万骑兵。又率众去击铜马，吴汉领精骑5000为前锋，所向披靡，直至蒲阳（今陕西渭南），尽收铜马军众。

之后，刘秀乘驻邺城（今河北临漳西南）尚书令谢躬离城往击尤来（农民军之一股）之机，拜吴汉、岑彭为大将军，率军袭其城。吴汉为减少攻城之苦，先采取攻心之策，派辩士入城，向留守邺城之魏郡太守陈康陈说利害，陈康信其言，开门纳降，吴汉引军径入城中。谢弓归邺，不知城中有变，率轻骑数百进城，为吴汉伏兵击杀，余众全部投降。是年，刘秀即位称帝，拜吴汉为大司马，改封舞阳侯。

公元25年秋，吴汉受命率朱祐、岑彭、贾复、坚镡等11将军，进攻洛阳。洛阳为朱鲔所守，拼死拒战。围攻数月，朱鲔投降，洛阳始下。公元26年春，吴汉又受命率王梁、朱祐、贾复、坚镡、王霸、马武等9将军，往击檀乡（农民军之一股），破敌于漳河之上游（今山西长治），收降众10余万人。光武帝因吴汉功高于众，乃定封为广平侯，食邑千县。

公元27年春，吴汉率杜茂等7将军围苏茂于广乐（今河南省虞城县境内），苏茂依城坚守，一时未能下其城。这时刘永部将周建引军10万救援广乐，两军战于城外，吴汉中箭负伤，周建遂入城与苏茂会合。吴汉收军，因伤卧榻，诸将进说："大敌在前而公因伤久卧，众心慌惧，当如何处置？"吴汉听言未毕，便一跃而起，裹伤出帐，杀牛飨士，下令说："贼众虽多，皆乌合之众。今日乃诸君立功之机，杀敌封侯，在此一举。"于是士气复振。翌晨，周建、苏茂出兵击汉，吴汉选敢死战士和乌桓突骑3000人为前驱，自督诸将随应，击鼓大进。周建军不支，大溃，汉军长驱追击，争门并入，其城遂破，周建、苏茂夺路遁去。吴汉自率主力助盖延围刘永于睢阳，不久，刘永突围被杀，睢阳亦下。

关东群雄已灭，光武帝刘秀则集中主要力量于陇蜀。蜀地为公孙述所据，称孤道寡，独霸一方。公元35年，吴汉奉命率刘隆、藏宫、刘歆等将领，调发荆州步军6万、骑兵5000，与征南大将军岑彭会师荆门，逆长江而上，往伐公孙述。历经数战，大破蜀军，击杀公孙述，蜀军因失主帅，开城投降，蜀地平定。

公元42年，蜀郡守将史歆反于成都。光武帝特派吴汉率刘尚、藏宫携军万人往讨。吴汉入武都，尽发广汉、巴、蜀三郡之兵围困成都，百余日破城，诛史歆等叛首200余人。

公元44年，吴汉病逝于洛阳。

袁曹官渡之战

东汉建安元年（公元196年）7月，曹操把汉献帝迎到许昌建都以后，袁绍遂借口许昌地势低下、潮湿，要曹操把汉献帝迁到鄄城（今山东菏泽），以便于自己就近控制。这一要求，当然被曹操所拒绝。

当时，从实力对比来看，袁绍仍有明显的优势。袁绍有兵10余万，而曹操的军队却很少。

但是，曹操为达到挟天子以令天下的目的，还是要打倒最强大的对手袁绍。东汉建安四年（公元199年）6月，袁绍在击灭公孙瓒后，自恃兵多粮足，点选精兵10万，战马万匹，准备向许昌进攻。

当曹操正在部署对袁绍作战的时候，刘备杀死徐州刺史车胄，占据下邳（今江苏邳州），与袁绍相呼应，企图合力进攻曹操。曹操为了避免两面作战，率兵东进，迅速夺取下邳，擒获关羽，迫使刘备逃往青州，后投靠袁绍。

东汉建安五年（公元200年）2月，袁绍进军黎阳，准备渡过黄河，寻找曹军主力决战。他首先派颜良前往白马，攻打东郡太守刘延，企图夺取渡河要冲。到了4月间，曹操自官渡北上援救刘延。荀攸向曹操建议："目前我们的兵力很少，引兵先到延津这个地方，伪装要渡河进攻袁绍的背后，袁绍必然应战，然后再派精骑回袭白马，一定可以擒获颜良。"曹操接受了他的建议。袁绍听说曹军要渡河，果然急忙引兵西来。曹操见袁绍中计，率军掉头前往白军。当曹军距白马仅有10余里时，颜良才发觉，仓皇迎战，被关羽（此时在曹操军中效命）取了首级，袁军顿时溃败。

这时，沮授劝袁绍切勿渡河追击曹操，并说："曹操斩了颜良后还要撤退，不可不加提防。"袁绍根本不听他的建议，派文丑与刘备追击曹军，文丑、刘备渡河后，一直追到酸枣以北的南阪。曹操早就在此等候，把辎重全丢在袁军要通过的道路上，乘袁军争抢辎重，队伍混乱之际，突然发起反击，杀死文丑，歼灭袁军数千人。

7月，原汝南黄巾军刘辟，叛曹操，响应袁绍。袁绍派刘备南下接应，相机进攻许昌。刘备兵临濦强时，各县多起兵叛曹，许昌以南一片混乱。曹操便命曹仁率骑兵前去进攻刘备，一举将其击破，并平定了反叛曹操的各县，迫使刘备败归袁绍。

袁绍企图依靠刘备进袭许昌的计划失败，乃自率大军至阳武，准备亲自进攻许昌。8月，袁军主力接近官渡，依托沙堆立营，东西达数十里。袁军在曹营外面堆土成山，从上面箭射曹营，使得曹军用盾牌挡住身体，才能在营中行走。曹操也在营中堆起土山，命于禁率弓箭手站在上面与袁军对射，并制作了一种抛石车，发石击毁袁绍指挥作战的橹楼。袁绍又下令挖地道进攻曹军，曹操也在营内挖长沟以拒。双方在官渡相持了百余日，仍未决胜负。

不久，曹军军粮将尽，曹操想退回许昌防御，写信同留守许昌的荀彧商议。荀彧认为一定可以很快打败袁绍。曹操决计向袁绍发动反攻。当天夜里，曹操便下令决荥荡泽水灌向袁营，迫使袁绍后退30里。

这时，许攸离开袁绍投奔曹操。曹操大喜过望，来不及穿鞋就跑出去迎接，拍着手说："您从远道到我这儿来，我的大事要成功了！"许攸劈头便说："袁绍有辎重1万余车在乌巢，如果派兵去偷袭，不出3天的时间，袁绍自败。"曹操听后大喜，留曹洪、荀攸守官渡大营，自率步骑5000人到了乌巢，立刻围住粮囤，放起大火。袁军从梦中惊醒，慌成一团，不知如何是好。

袁绍此时驻在阳武，距乌巢有40里，夜见乌巢起火，命张郃、高览率精兵进攻官渡曹营，同时派轻骑救援乌巢。

张郃等冲在曹军官渡大营外，急忙发起进攻，这时正好曹操自乌巢还师。张郃欲退兵避开曹操的夹攻，前来督军的郭图竟造谣说张郃有意败走。张郃十分恼怒，便和高览一起去曹营请降。袁营处于一片纷乱之中，曹操乘势发起攻击，袁军完全丧失战斗力，一触即溃，袁绍仅率800余人骑马北逃。曹操率军奋力追杀，当追至延津时，尽俘袁军10余万人，缴获袁绍的辎重不可胜计。

天才军事家曹操以法治军

曹操（公元155年~220年）沛国谯县（今安徽亳州市）人，字孟德，小名阿瞒，汉相国曹参之后。

曹操初入仕途，就不避豪强，敢于坚持和实行自己的主张。他刚满20岁，由人推荐做了洛阳北部尉（尉是维持治安的地方官，比县令低一级）。为了反对豪强，维护东汉王朝的法制，他一到任就在尉衙门左右各悬挂10根五色棒，违犯禁令者一律用棒打死。并身体力行，曾用五花棒打死汉灵帝宠幸的宦官蹇硕的叔叔，一时震动洛阳豪强权贵，不敢再触犯禁令。

曹操的最初的军事活动，是从参加镇压黄巾起义农民军开始的。公元185年曹操被提升为济南相，他抱着"好作政教以建立名誉"的志向，把各县劣行恶迹严重的长吏统统免了职，把庙宇祠屋都拆掉了，下命令禁止这种祭祀，使得当时"世之淫祀由此遂绝"。由于遭到地方上世族豪强和中央权臣的反对，曹操不久即去职回家。189年董卓为乱，进攻洛阳，废立皇帝，各地世族豪强纷纷崛起，拥兵自立。这年12月曹操到达陈留，招募义兵。他散发了曹家在兖州的财产，作为军队的费用。以曹代宗族子侄、部曲为主，迅速组成一支5000多人的队伍。公元191年和192年，曹操取得兖州，建立了军事根据地，改编青州军30多万人，发展了强大的军事力量。他首先打败了袁术和公孙瓒的联合进攻，然后又两次征讨割据徐州的陶谦，巩固了自己在兖州的统治地位。公元196年，曹操把汉献帝接出洛阳，迁到许昌建都，改国号建安，开始了"名正言顺"地同豪强割据势力的斗争，先后打败了杨奉、张绣、刘表等割据中原的封建军阀，进一步巩固了他在中央政权中的地位。

接着，就开始了打击最大豪强割据势力、统一中国北方的一场决定性战役——我国战争史上有名的官渡大战。结果黄河南北的豪强割据势力被打垮或被削弱，在中国的北方出现了统一的和较为安定的局面。怀有统一大志的曹操，自然不会满足于北方与南方仍处于分裂状态的局面，208年正月，他就准备攻打地处南北要冲的荆州，夺取荆州，方能南越长江，实现南北统一。同年7月，曹操亲率大军南下，先以绝对优势的兵力，打败了同刘表联合抗曹的刘备。曹操翦除了刘表的羽翼之后，迅速南下，占领了江陵，控制了荆州大部分地区。接着，他就顺江东下，追击刘备，进抵巴丘，直接面对雄踞江南的孙权集团，揭开了一场新的大战役——赤壁之战的序幕。

曹操在统一北方的战争中不断取得胜利，也由于他坚持实行了用人唯贤的正确方针，许多虽然出身微贱但有真才实学的人，集合到他的身边，文官如荀彧、郭嘉、荀攸、满宠等，武将如张辽、徐晃、庞德、于禁等，都不是豪强世家出身，都是由于有才学、有能力，才被曹操提拔重用的。

曹操坚持以法治军，以法治国，因而军纪严明，国家安定，保证了统一战争的胜利。他曾经下令部队行军马踏农民麦田者处死，因此骑兵经过麦田时都下马扶麦而行。有一次他在行军中坐骑受惊，跃入麦田，他就请主簿议罪。主簿认为，按春秋大义，统帅不能加罪。曹操说，制定法的人自己违反，就不能统率部下，我是统帅，不能自杀，但仍要加刑，他拔出剑，割发代头，全军敬佩，都不敢再违反了。

曹操一生从事于扫平豪强割据势力，统一中国的事业，坚定不移。当时汉皇室给他的"封邑"，他坚决辞掉。他坚持不称帝，也拒不接受过分的封赏。孙权写过信要求他称帝，指出，孙权这样做，是想把他"放在炉火上烧烤"，使更多的人反对他。

公元220年1月曹操在南征关羽的回师途中，一病不起，死于洛阳，他遗命诸子丧葬务必节俭。

大军师诸葛亮神机妙算

  诸葛亮（公元181年～234年），字孔明，号卧龙，汉时琅邪郡阳都（今山东沂南县）人，他曾任蜀国军师、丞相、受封武乡侯。诸葛亮系汉朝司隶校尉诸葛丰之后。其父诸葛珪，在东汉末年曾做过泰山郡丞。

  公元207年，刘备在屡遭挫折之后，率军屯驻新野期间，经徐庶推荐，亲到隆中"三顾茅庐"，求救于诸葛亮。当时诸葛亮年仅26岁，然而才识渊博，目光深远，提出了统一全国的政治路线，以及应采取的战略和策略。他明确主张：必须避强击弱，先取荆、益，建立根据地，进而"西和诸戎，南抚夷越，外结孙权，内修政理"，待时机成熟，两路出兵北伐曹魏，图取中原，最后统一全国。刘备听了他的主张，顿解迷津，欣然表示接受，对诸葛亮本人也益加敬重。刘备曾对关羽、张飞说："孤之有孔明，犹如鱼之有水也。"并恭迎诸葛亮至军中，筹划军机。

  曹操在剪灭袁绍，攻占荆州之后，率得胜之师收降刘表8万余众，共20万人马，水陆并进，意欲一举吞并江东。在战云密布的严重时刻，诸葛亮冷静地观察和分析了当时的形势，清楚地意识到曹操的作战意图是决心要一举而消灭孙刘两个集团，并吞江南。所以，诸葛亮认为孙刘两方有联合起来的基础，同时也只有结成联盟，才有可能取得抗击曹操的胜利。根据这种分析，诸葛亮建议刘备速与孙权联合，结成联盟，协同作战，共同抗击曹操。这时，孙权正拥兵于柴桑（今江西九江西南），观望曹刘之成败，是战是降，举棋不定。为了迅速促成联合，诸葛亮作为刘备集团的代表，亲自前往柴桑会见孙权，进行谈判。孙权听了诸葛亮对整个形势的分析以及对前景的科学预料，十分信服，坚定了抗击曹操的决心。于是，立即命周瑜、程普、鲁肃率水军3万随诸葛亮会同刘备，合军5万，并力拒曹。

是年10月，孙、刘大军溯江进发，与曹军会于赤壁（今湖北蒲圻县西北），诸葛亮、周瑜确定了火攻曹军、出奇制胜的作战方针，首先歼灭曹操水师，然后水陆并进，率快速部队趁势冲杀，大破曹军，造成了中国战史上的光辉战例，迫使曹操狼狈逃回中原。接着诸葛亮又协助刘备收复江南，据有荆州大部地区和长沙、桂阳、零陵三郡，取得了立足之地。

公元211年，益州刘璋集团内部发生分裂，刘璋派法正迎请刘备入蜀援助自己。于是，刘备乃率军入蜀，全部占领了益州和汉中。益州既定，刘备任命诸葛亮为军师将军，总理军国重事。公元223年，刘备病故于白帝城，临终前托孤于诸葛亮，嗣子刘禅即位，封诸葛丞相为武乡侯，兼领益州牧，一切军国大事全部委于诸葛亮。

由于刘备病故，彝陵战败，为了巩固蜀汉政权，确定了对外坚持与吴修好，结为唇齿，对内部叛乱实行"和"与"抚"并用的方针。在外部形势基本稳定的情况下，诸葛亮又亲率大军于公元225年春，南渡泸水，深入云贵，进行南征，坚决镇压了叛将雍闿等人，平定了建宁（位于湖南省株洲市淦田镇）、牂牁（古地名，在今贵州境内）、越嶲（今四川西昌东南）诸郡，收复了西南"夷"族领袖孟获，使这些地区成为蜀国一部分比较巩固的后方。

诸葛亮善于治军，且富有创造性，这是当代人以及后代人所公认的。西晋人袁准曾说过，"诸葛亮的用兵，止如山，进退如风，兵出之日，天下震动，而人心不忧"。诸葛亮之所以能够在几次大规模的进攻中，取得以少胜多的战果，同他训练出一支能战之军是有密切关系的。就连他的敌手司马懿也不得不称赞他是"天下奇才"。

诸葛亮在改革战器和运输工具方面也做了很大的努力。第一，创造了新式连弩。弩箭用铁制，长8寸，一次能发10支，把战国以来的连弩又向前推进了一步。第二，创制木牛流马。木牛是一种人力独轮车，有一脚四足。行车停车不易倾倒。木牛能载一人一年的食粮，单行每天几十里，群行20里。流马是改良的木牛，前后四脚，即人力四轮车。诸葛亮用这些提高了部队的战斗力。

风流将军周瑜声威远震

　　周瑜（公元175年～210年），字公瑾，庐江舒县人，是三国时期吴国名将。周瑜出身于豪门士族，曾祖、祖父均为东汉显官，当过尚书令，其父周异曾任洛阳令。周瑜资质风流，仪容秀丽，喜读兵书，精于音乐。少年时代，与孙策极为友好，过从甚密。公元195年，孙策从袁术处借兵3000渡江向东，进至历阳（今安徽和县），周瑜率当地子弟数千响应，并以舟船和粮秣援助孙策，参与了孙策统一江东的军事活动。开始，周瑜等人协助孙策渡江攻击笮融、薛礼，占领了秣陵。接着又乘势进兵湖执、汪乘，赶走江东豪强刘繇，进入曲阿（今江苏丹阳）。这时，孙策的实力已有了很大的发展，拥兵数万，在江东站住了脚跟。淮南大军阀袁术见周瑜颇具才华，欲收为将。周瑜认为袁术为人庸碌无能，目光短浅，成就不了大业，遂婉言辞却。公元198年，周瑜率众自居巢东渡归吴，孙策亲自迎接，授建威中郎将。周瑜当时24岁，吴中（泛指吴地）人皆称周郎。周瑜同孙策攻取皖城（今安徽潜山），遇乔公有两女，其号为大乔、小乔，姿色超人，孙策娶大乔为妻，周瑜娶小乔为妻。

　　公元200年，孙策死，其弟孙权继承其业。周瑜与长史张昭共同辅佐孙权，经过几年的征讨兼并，逐渐削平了江、浙、苏、皖的地方势力，威震江东。公元208年春，周瑜督师征讨江夏黄祖，获得了重大胜利。

　　同年秋，曹操在武力统一北方之后，亲率几十万水陆大军，顺江东下，大有一举鲸吞江东之势。势态十分严重，东吴谋臣将士十分惊恐，孙权同计于群下，或降或战，众说不一。有人以为上策是迎降。而周瑜却极力主张抵抗，反对投降。周瑜说："曹操的弱点很多：现今北方还没有完全平定，马超、韩遂尚在函谷关以西，这都是曹操的后患；曹操丢掉陆上步骑之优势，而用自己所不善于的水战与我们争高下，这是舍长而就短；今之季节正值隆冬，被他驱赶的中原士卒远涉江湖之间，不服水土，必然会发生疾病。所以请将军让我带三五万精锐之卒，一定能打败他。"孙权听了周瑜的分析，十分高兴，坚定了抗击曹操的决心。

这时，刘备刚刚败于当阳，派诸葛亮为使，进见孙权，经双方商谈达成了孙刘联合抗击曹操的协议。于是孙权派遣周瑜、程普、鲁肃率精兵3万随诸葛亮会同刘备，溯江而上，与曹操的大队人马相遇于赤壁。周瑜部将黄盖建议说："曹操不习水战，把各种战船联结在一起，这样，如果采用火烧他的战船，我们就可以战胜他。"周瑜和诸葛亮采纳了黄盖的建议。一天晚上，黄盖带领战舰10艘，顺风由长江南岸向北急速驶去。每艘战舰，堆满了浇了油的干柴，外边围着布幔，插上旗子。10艘战舰行至离曹军一里左右的时候，同时点火进击，直冲入曹军水师大营。时值大风，火借风势，风助火威，立时变成一片火海，不但把曹操的兵船烧得精光，还延烧到岸上大营。曹军死伤惨重，孙刘联军又分路趁势冲杀，大破曹军。周瑜率得胜之师，又进兵南郡（今湖北省荆州市一带），并派部将甘宁率编师进据彝陵（今湖北宜昌）。曹仁分兵围攻甘宁，甘宁被困彝陵城中。周瑜闻报，留凌统守其后，自引主力解彝陵之围。甘宁之围既解，周瑜复乘势率军北渡，大战曹仁，经数日激战，曹仁不支，引军退往襄阳。

赤壁大战以后，周瑜声威远震，名扬天下。孙权拜周瑜为偏将军，领南郡太守，率军屯聚江陵。公元201年，周瑜因箭伤复发，病卒于巴丘，时年仅36岁。

吴国大将陆逊才略经国

陆逊（公元183年～245年），本名议，字伯言，吴郡吴县华亭人，是三国时期吴国的大将，官至丞相。陆逊生于江南士族之家。其祖名纡，曾担过汉朝任城门校尉，其父名骏，字秀才，官至九江郡都尉。三国鼎足之时，孙权采取与江南大族合作政策，陆逊是吴郡豪门大族的重要代表，而且懂军事，善谋略，因此，稍壮就走上了吴国的政治军事舞台，掌握了吴国的大部兵权，成为支撑吴国的有力人物。

公元204年，陆逊21岁，出任海昌（今浙江海宁）屯田都尉，兼领县事。陆逊一方面开仓谷以赈贫民，劝督农桑，一方面率手下部队，深入险地讨治匪患，所向皆服。因其功绩，孙权拜陆逊为定威校尉。不久，将孙策女嫁陆逊为妻。这就使陆逊有更多的机会接触孙权，与之讨论时势。

公元219年，孙权趁刘备和曹操在襄阳、樊城交战之机，决心从刘备手中夺还战略要地荆州。当时，刘备集团驻守荆州的大将是关羽。他虽然坐镇樊城与曹军交锋，但仍留重兵防守江陵一线。孙权派大将吕蒙屯军陆口（今湖北嘉鱼），准备进击荆州。陆逊成竹在胸，遂往见吕蒙，他说："今将军托病辞归，以陆口之任让于他人，使他人谦辞赞美关羽，示之弱怯，以骄其心，关羽必尽撤荆州之军北进。若荆州无备，我用一旅之师。出其不意，则荆州必为我所得。"于是孙权乃召见陆逊。任命他为偏将军右都督，代吕蒙守陆口。

陆逊至陆口，即修书一封，具名马、异锦、酒礼等物，派人赴樊城一并送给关羽，表示作贺和修好。关羽观其书，情词恳切，谦卑恭谦，大有谦下自托之意，遂令左右收了礼物，仰面大笑，脱口而出："无虑江东矣！"于是关羽放松了荆州守备，撤荆州守军之半，北赴樊城，作进攻曹军之用。不数日，吕蒙、陆逊袭破关羽后方基地江陵城，相继又攻克了公安、南郡（均在湖北省西部）。关羽听说江陵为东吴所破，慌急引军回救，进至麦城，战败被杀。此次大捷，其计谋多出于陆逊，因此，威名初显，孙权益重，授抚边将军，领宜都太守，封华亭族。

公元221年7月，刘备派大将吴班、冯习率军4万为先头部队，夺取了三峡出口，进入吴境。公元222年初，刘备自统大军数十万众，出三峡，入吴境。孙权求和不成，任命陆逊为大都督，统率5万人，逆江而上，抗拒蜀军。这就拉开了吴蜀两军大战的序幕。

战争之初，蜀军处于攻势，占了彝陵。刘备率主力进抵猇亭（今湖北省宜昌东南），立营40余座，绵延70余里。陆逊根据当时双方兵力、士气、地形等多方面条件的分析，采取守势，静观其变。许多将领一时不理解陆逊的主张，以为他惧敌如鼠。陆逊坚持说服了军中诸将，实行了大胆的战略退却，一直退到夷道（今湖北宜都）才组织防御，转入坚守。

时至夏季，陆逊认为时机已经成熟，准备向蜀军发起反攻，陆逊命令将士每人持草一束，乘夜顺风放火，实行火攻，蜀军大乱。陆逊立即乘势率全军反攻，迅速攻破蜀军40余营寨，斩大将张南、冯习及部族首领沙摩柯，逼降蜀将杜路、刘宁。刘备大败，率残军集于马鞍山上，吴军围攻甚紧，蜀军死伤过重，土崩瓦解，刘备本人趁夜逃回白帝城（今重庆奉节县），其舟船器械、水陆军资，损失殆尽。

公元228年，魏大司马曹休兵分三路攻吴皖地。孙权任命陆逊为平北大都督，统率三军抵御曹休。陆逊采取诱敌深入，中途设伏之策。曹休自恃兵多，引军长驱直入，至右亭（今安徽怀宁一桐城内）险要处，吴军伏兵四起，陆逊在右，朱桓、全综由左右夹击，曹休军猝不及防，一触即溃，折军数万，丢掉了全部军资。陆逊遂率得胜之师还吴，孙权率百官隆重迎接。

公元220年，孙权迁都建业，授陆逊当上大将军，右都护。后每遇大事，多决于陆逊。后因参与宫中废立之争，受到孙权指责，陆逊因愤激忧国致病，卒于公元245年，时年63岁。

孙曹赤壁之战

官渡之战后，曹操乘胜向袁绍占据的地区进军，基本上统一了北方。

这时，孙策被刺身亡。他的弟弟孙权继承了他的事业。孙权采纳了鲁肃和甘宁的建议，于东汉建安十三年春天，命甘宁攻取江夏，斩太守黄祖，然后准备夺取荆州。

曹操早就想进取荆州，见孙权攻取江夏，急忙派军出合肥牵制孙权，使其不能全力西进。同时又开始南征，集结大军于南阳。

8月，刘表病死。孙权派鲁肃去吊丧，以弄清荆州内部情况。鲁肃昼夜兼程驰赴荆州，听说刘表次子刘琮已献出荆州，投降了曹操，刘备正向南撤退。鲁肃就直接去找刘备，建议他和孙权结好。刘备并派诸葛亮随鲁肃赴柴桑去见孙权。

诸葛亮见到孙权后，对孙权说："刘备虽然新败于长坂，但还有精兵一万人。刘琦若集合起他的江夏兵，也不下一万人。曹军远从北方而来，已经疲惫不堪，这就好比力量再强劲的箭，到了最后，连一层薄纱也穿不透了。现在，您如果能派猛将率数万精兵与刘备订约结盟，同心协力，一定可以打败曹军。"孙权听后大喜。

正在这时，曹操派人送信给孙权，信中说："最近，我又训练了80万水军，准备与您在江东一起打猎。"孙权把这封信交给诸将看，诸将无不失色。有人主张投降，只有鲁肃反对投降。

孙权正准备力排众议，周瑜自鄱阳回来。周瑜说："曹操舍弃了北方军队善于驰马作战的特长，反而用水军来与我们较量；曹军不服这里的水土，必然会生疾病……擒获曹操就在今日。请拨给我几万精兵进驻夏口，我保证破曹。"于是，孙权拔刀砍去面前案子的一角，对众人说："所有文武官员，若有敢再说投降曹操的，就和这张案子一样！"

曹操率3万大军开来，原以为孙权会屈服，不料周瑜西上。这时，曹军有许多人因水土不服患病，曹操乃留主力在江陵，自率荆州水军及一部陆军顺流东下。东汉建安十三年（公元208年）10月10日中午，曹操与周瑜在赤壁（今湖北蒲圻）相遇，荆州水军初战即败，曹操遂至江北扎下水寨，其陆军亦在江北岸驻营。周瑜则驻扎在长江南岸，与曹操隔江对峙。

曹操为巩固水寨，将船只全部用铁锁连接起来。周瑜数次往江北曹营前挑战，曹操均闭营不出。江东老将黄盖向周瑜献计用火攻。周瑜便将数十艘战船装满干燥的柴草，在里面灌上油，外面用帐幕包裹起来，船上插满旌旗龙幡。然后，黄盖派人送信给曹操，佯称要投降曹操。曹操并未轻信黄盖的求降，一笑置之。

11月13日夜里，黄盖率领数十艘装满柴草的战船驶向江北岸。周瑜则率主力跟进。当黄盖行至距曹军水寨还有2里远的时候，命各船同时点火，箭也似的驶向曹军水寨。这时，东南风刮得正紧，风助火势，很快就把曹军的船只都燃着了，大火还蔓延到曹军岸上的营寨，曹军被烧死和溺死的不计其数。周瑜又率军在后面大举进击，刘备也率军来助攻，曹操被迫仅带少量残部向华容道逃去。

曹操逃走后，刘备向周瑜建议：江陵不易攻下，我可让张飞率兵1000跟随您去攻城，请您分2000兵给我，让我由夏水抄截曹仁的后路。周瑜便分兵2000给刘备。另派甘宁率军攻取江陵上游的彝陵（今湖北宜昌），以牵制江陵。曹仁怕彝陵失守会威胁江陵的安危，分兵到彝陵围攻甘宁。周瑜率主力增援甘宁，大败曹军。然后，周瑜又回师，同曹仁相拒于江陵。到东汉建安十四年（公元209年）12月，曹仁在江陵屡战不利，形势孤危，被迫撤走。周瑜进据江陵。

　　此时，刘备为给自己的未来找块立足之地，乘机攻取武陵，长沙、零陵、桂阳四郡，自己则驻守公安。周瑜深感刘备是个"枭雄"，日后必为江东的劲敌，劝孙权将刘备扣留在江东。孙权认为当时来自曹操的威胁仍然最大，为了维持孙刘联盟，上表汉献帝，封刘备为荆州牧。

　　赤壁之战，孙权大获全胜。曹操则不仅未能扫平江东，反而连已经到手的荆州也丢了。魏、蜀、吴三分鼎足的局面，从此已露端倪。

刘备袭取蜀汉之战

东汉建安十六年（公元211年）12月，益州牧刘璋得知曹操派钟繇向汉中讨伐张鲁，唯恐唇亡齿寒。张松对刘璋说："刘备乃汉朝宗室，与曹操有深仇大恨，如果让他去讨伐张鲁，必能击破张鲁。这样益州就更为强大，即使曹操来攻也不怕。"刘璋决定派法正、孟达率4000人去迎接刘备。

刘备取蜀之计已定，于是命关羽、诸葛亮、张飞、赵云留守荆州，自己和庞统、黄忠、魏延等率万人入益州。刘备和刘璋相见后，刘璋立刻推举刘备为大司马领司隶校尉，刘备的实力一下膨胀至数万人，车甲粮秣充足。到葭萌关（位于四川省广元市昭化区昭化镇）后，并未去讨伐张鲁，而是在此地"厚树恩德"，笼络人心。

东汉建安十七年（公元212年）12月，刘备在葭萌已屯兵一年。这时，曹操率大军南征孙权于濡须（今安徽无为市），孙权力不能支，向刘备求援。刘备乘机向刘璋再索取兵力。刘璋已感到刘备并不可信，仅给他4000兵，并通知各地守将警惕刘备的阴谋。

白水关守将杨怀、高沛听说刘备将东归，来见刘备。刘备借口他们有失礼节，将他们杀掉，然后便进据白水关，一面召诸葛亮率军入蜀，一面命霍峻留守葭萌城，而以黄忠、卓膺为前锋，自率主力在后跟进，疾趋成都。

刘璋一面派扶禁、向存等率万余人由阆水（今嘉陵江）北上攻葭萌，一面派刘璝、冰苞、张任、邓贤、吴懿等抗拒刘备。刘璝等迎战失利，退保绵竹，吴懿投降刘备。刘璋又派李严、费观率绵竹诸军抵御刘备，不料李、费二人亦叛变投降。刘备的力量因此更为强大。刘瞶，张任与刘璋之子刘循退守雒城，刘备又包围雒城。

东汉建安十九年（公元214年）闰5月，诸葛亮留关羽守荆州，与张飞、赵云率军溯江西上，攻克巴东，江州，擒获巴郡太守严颜。然后，诸葛亮派赵云向江阳犍为进攻，派张飞平定巴西、德阳等地，约定与刘备在成都会师。

刘备围雒城一年，才攻下来。然后，刘备进围成都，这时马超自陇右来投靠刘备。城内官民都欲与刘备决一死战。刘备围城数十日未下，又派简雍去劝降刘璋。6月，刘璋出城向刘备投降。刘备进入成都。

孙权见刘备已经夺占益州，派诸葛瑾向刘备索还荆州。刘备不肯归还，孙权大怒，又派吕蒙率军2万去取长沙、桂阳、零陵。刘备急忙自成都引兵5万至公安，并派关羽率军3万争夺三郡。正当双方就要交战之际，适逢曹操将取汉中，刘备惧失益州，派人与孙权讲和，以湘水为界平分荆州，江夏、长沙、桂阳三郡属孙权，南郡、武陵、零陵三郡属刘备。

东汉建安二十三年（公元218年）初，刘备采纳法正的意见，自己与法正率大军进击汉中。2月，马超进攻下辨，张飞进攻固山，声称将截断曹洪等人的后路。曹军首先进击马超，斩杀马超部将吴兰，迫使马超、张飞相继引兵退走。4月4日，刘备亲自率军进攻马鸣阁，另遣陈式等切断马鸣阁道。徐晃大破陈式。曹操得知后大喜。但是，马鸣阁道不久终于被刘备攻占。刘备接着进击阳平关及广石，屡攻不克，急忙给留在益州的诸葛亮写信，让他赶快发来援兵。诸葛亮乃尽发蜀中之兵，增援刘备。

东汉建安二十四年（公元219年）3月，刘备因久攻阳平关和广石不下，引军南渡沔水至定军山（今陕西汉中）。夏侯渊前来争山，筑围与刘备相持，派张郃守东围，自率轻兵守南围。刘备乘夜发起火攻，先破东围，击败张郃。然后又率黄忠等急袭夏侯渊所在的南围，重创曹军，杀死夏侯渊。曹操已平定宛城之叛，便自长安出斜谷道，前往汉中。曹操与刘备对峙月余，曹军多有逃亡。这年5月，曹操见胜利无望，尽撤汉中诸军回长安。

刘备占领汉中后，又东取房陵（今湖北房县）、上庸（今湖北竹山县西南），进攻襄阴、樊城，并准备北取凉州。这年7月，刘备自称汉中王于汉中，然后返回成都。至此，刘备在蜀汉割据之势终于造成。

吴蜀荆州、彝陵之战

刘备攻取蜀汉成功，三国鼎立局面开始形成。东汉建安二十年（公元215年）孙刘双方划湘水为界平分荆州。但是，孙权并未放弃夺回全部荆州的企图。

东汉建安二十二年（公元217年）冬天，孙权将收回荆州的希望寄托在吕蒙身上，任命他兼汉昌太守。这地方，与关羽管辖的江陵毗邻。吕蒙明里与关羽修好，暗中积极准备收回荆州。东汉建安二十四年（公元219年）7月，关羽举兵北攻襄樊。吕蒙乘机向孙权上书："关羽进攻襄樊，却留下很多兵力守备江陵，一定是怕我攻其后方。请让我带一些人回建业（今南京）装作治病，关羽得知，必然撤去江陵守备。那时，我军主力乘机渡江，便可一举夺取江陵，活捉关羽。"孙权对此心领神会，立刻大张声势地召还吕蒙。

关羽果然中计，将守备江陵、公安的兵力陆续调往襄樊。这时曹操派左将军于禁和立义将军庞德率3万人增援襄樊，屯军樊城以北。8月，因暴雨连天，汉水剧涨，于禁等皆遭水淹。关羽乘机发动进攻，于禁投降，庞德被杀。曹仁被围困在樊城，誓死坚守。司马懿和蒋济劝曹操道："刘备和孙权外亲内疏，可以派人劝孙权攻击关羽的后方，以将江南封给孙权作为条件，则樊城之围可解。"曹操采纳了这个建议，派人去见孙权，孙权见到曹操派来的使者，表示愿意讨伐关羽。

闰10月，吕蒙奉孙权之召返回建业。孙权命陆逊接替吕蒙。陆逊来到陆口，首先写信祝贺关羽在襄樊所取得的胜利，并表示自己非常仰慕关羽，绝不与关羽为敌。关羽见信后，对后方愈发感到放心，再次抽调江陵、公安剩余的兵力前往樊城。不久，关羽因与徐晃作战军粮不足，抢夺了孙权在湘关的存米。孙权立即以此为借口，派吕蒙与陆逊为前部，孙皎为后继，进袭江陵和公安。公安守将傅士仁和江陵守将麋芳，以前曾遭到关羽的责骂。吕蒙派人说降，终于使他们将公安和江陵相继献出。

关羽正在襄樊间与曹军相持，得知江陵告失，立刻回师。关羽自知势孤力单，前往当阳保守麦城（今湖北宜昌当阳市两河镇），想在那里等待刘备的援兵。孙权派人劝关羽投降，关羽伪装接受，然后仅率10余人西逃漳乡（今湖北当阳市东北）。孙权派潘璋、朱然率军追赶，终于将其擒获。孙权处死关羽，并将其头颅献给曹操。曹操拜孙权为骠骑将军，荆州又为孙权所有。

东汉建安二十五年（公元220年）1月，曹操病死。当年10月，他的儿子曹丕废除汉献帝，改国号为魏，并定这年为黄初元年。次年4月，刘备也在成都称帝，国号仍为汉，历史上称为蜀汉，改元章武。

魏黄初二年、蜀汉章武元年（公元221年）6月，刘备为报前年荆州告失之恨，决定亲征孙权，连夺巫县（今重庆巫山县）、秭归等地，然后自白帝城继续东进，直至猇亭扎营，与孙权军形成对峙之势。

孙权一面对蜀作战，一面再次遣使向曹丕称臣。曹丕遂封孙权为吴王。

孙权联魏成功后，立即以陆逊为大都督，率诸军在彝陵迎战刘备。陆逊命吴军坚持与蜀军相持的局面，不得擅自出战。

这时，蜀军先锋吴班率数千人在平地立营，前来挑战。诸将又向陆逊请战，都争着想去迎敌。陆逊说："吴班在平地立营，其中必然有诈。"诸将不理解陆逊的作战意图，无不心怀愤恨。刘备见立营平原之计没有诱敌成功，便下令将预先埋伏在山谷中的8000伏兵撤出。吴军诸将这才知道陆逊的顾虑何在。吴军仍然坚守不战，使蜀军欲进不得。双方相持于高山大川之间。

公元222年闰6月，陆逊突然决定向蜀军发起全面进攻。陆逊让10卒每人各持一束茅草，顺风放火，虎威将军朱然首先击破蜀军前锋，并切断蜀军后退之路；振威将军潘璋击溃蜀将冯习部；偏将军韩当与朱然一起，大破蜀军于涿乡（今湖北省宜都县西北马鞍山下）；绥南将军诸葛瑾，建忠郎将骆统，兴业都尉周胤，也自潺陵（今湖北省公安县西）进击猇亭，与陆逊合攻蜀军主力。蜀军40余座营地相继被拔，蜀将冯习、张南等被斩，杜路，刘宁等降吴。刘备见全线已溃，逃往马鞍山上，命蜀军环山自卫。陆逊率各军四面围攻，蜀军又伤亡数万人，逃进白帝城。

孙权顾虑曹丕袭其后方，遂下令撤军。不久，曹丕果然大军南下袭吴。孙权决心抗拒，并立即建国号为吴。孙权为抗拒曹操，转而谋求与蜀汉和解，派郑泉出使白帝城。刘备亦派宗玮回访东吴。吴、蜀从此又相通好。

蜀汉伐魏之战

　　吴蜀荆州、彝陵之战后，蜀汉受到很大损失，东吴的实力也有所消耗，曹魏却坐收渔利。此时，蜀方采取各种措施，稳定政权，并派使者赴吴，主动与孙权释怨修好，准备集中力量北伐曹魏。

　　诸葛屡攻祁山蜀吴合围曹魏，蜀汉伐魏之战。

　　魏黄初七年（公元226年）曹丕死后，孙权乘机攻魏，在江夏和襄阳牵制了魏军10余万兵力。诸葛亮认为伐曹魏的时机到来，于公元227年3月向刘禅上了一道出师表，提出"今南方已定，兵甲已足，当奖率三军，北定中原"。刘禅立即命诸葛亮率军北上汉中，准备攻魏。曹叡遂决定对蜀暂取守势。

　　公元228年诸葛亮转而率主力6万人自汉中西出祁山（位于甘肃祁县东），魏南安、天水、安定三郡，毫无准备，相继投降蜀汉。曹叡一面派右将军张郃率步骑5万自长安西进，抗拒诸葛亮；一面命大将军曹真扼守陈仓，以拒来自箕谷的蜀军赵云、邓芝部。

　　这年2月，诸葛亮在西城（今陕西安康）知曹叡派张郃前来拒战，命参军马谡、裨将军王平为前锋疾趋街亭（今甘肃天水市东南），以阻塞陇坻西方的隘口。然而马谡违背诸葛亮的训诫，不据守街亭险要，反而依山阻水扎营，结果被张郃断其水源，失守街亭。诸葛亮大军被迫由西城退回汉中。战后，诸葛亮上疏刘禅请求自贬三等，斩马谡以明军纪。

　　这年5月，曹叡发三路大军击吴。诸葛亮乘关中空虚，于12月包围陈仓，用云梯和冲车攻城。郝昭用火箭射烧云梯，用绳子拴着石磨撞压冲车，给蜀军以重创。诸葛亮用土填城堑，企图登城。郝昭则在城墙里面又修了一道城墙。诸葛亮挖地道攻击，郝昭也在城内挖地道截击。双方交战20余昼夜，曹叡已急调张郃、王双部自方城驰救关中。于是，诸葛亮率大军退返汉中。

次年春天，当陈式围攻武都时，魏雍州刺史郭淮引兵往救，诸葛亮亲自率军还击郭淮于建威，大破郭淮，一直追至祁山，陈式因而夺得武都、阴平二郡。刘禅复拜诸葛亮为丞相。

公元231年2月，诸葛亮自率大军再出祁山，第四次攻魏。曹真深恐其声西击东，命令各地守将不许擅动。司马懿率全军西救祁山。诸葛亮决定避实击虚，亲率3万主力北趋上邽，就在司马懿回军上邽的途中，上邽已为蜀军攻占，司马懿只好在上邽的东面凭险据守。诸葛亮自上邽移军攻之，司马懿坚守不出。诸葛亮佯作向祁山方向撤退，以调动魏军，司马懿终于起营追击，诸葛亮突然回军求战，司马懿大吃一惊，急忙率军登山，又掘营自守。5月10日，张郃率军进攻蜀军后方的王平部，司马懿自率其他诸军从正面进攻蜀军大营。诸葛亮派魏延、高翔、吴班各率一军迎战，魏军大败，蜀军歼敌3000人，缴获铠甲5000领、角弩3100张。司马懿只好仍然退保其营垒。

公元234年2月，诸葛亮经过长时间的准备之后。终于悉其全力与吴国同时伐魏。蜀军12万余人突击斜谷，进至渭水以南。屯军在渭水以北的司马懿，引军当夜渡过渭水，背水为垒，以拒蜀军主力。命郭淮率重兵移屯北原，郭淮奋力抵抗，击退蜀军。然后诸葛亮又回师进攻司马懿。司马懿坚守不出。诸葛亮知道司马懿欲待蜀军粮尽退兵，坐收其功，遂下令在渭水之滨屯田，准备与魏军长期相持。

蜀汉此次大举伐魏之前，曾约请孙权同时伐魏。孙权迟至5月等魏军全力移往西方应付蜀军时，才兵分三路伐魏。孙权的部署是：以陆逊和诸葛瑾率荆州之兵进攻襄阳；以孙昭和张承率扬州之兵进攻徐州和淮阴；孙权自率大军10万自建业进攻新城。魏国于是东、西受敌。

　　诸葛亮与司马懿相持于渭南已经4个月，诸葛亮数次挑战，司马懿均坚守不出。诸葛亮后来派人给司马懿送去"巾帼妇人之服"，司马懿终于被激怒，上表曹叡请求出战。曹叡特派辛毗来作司马懿的军师，以节制司马懿的行动。不久，诸葛亮病死军中。长史杨仪和姜维等秘不发丧，整军后退。然后退回汉中。

晋将羊祜怀柔抚远

羊祜（公元221年～278年），字叔子，泰山南城县人。羊祜出身于官宦世家。西晋时期杰出的战略家、政治家、文学家，母亲蔡氏是汉末文学家蔡邕的女儿。同胞姐姐嫁司马昭，晋初尊为弘训太后。羊祜博学多才，年轻时既有"今日之颜子"的美称。但他不愿为官，多次被征召，却从不就任。司马昭为大将军后，征拜羊祜为中书侍郎。不久，羊祜又升任中将军，成为司马氏的重臣。

司马炎称帝后，晋国为吞灭吴国，于公元269年，任命羊祜为都督荆州诸军事，率本部兵马出镇襄阳。羊祜到任后，首先缓和边境的紧张局势。他下令设立乡学，鼓励读书，又开放边界，允许自由往来，受到了江汉百姓的普遍欢迎。

当时吴国在石城设防，威胁襄阳，羊祜设计迫使吴国罢守石城，撤兵离去。羊祜占据石城，汉水东面的大片土地全部归晋所有，吴国再也无法直接威胁襄阳。晋军的防卫兵力也由此而减少一半，羊祜分派节省下来的兵力开垦荒田八百余顷，每年收获甚丰。羊祜初来荆州时，"军无百日之粮"。他离开时，已"有十年之积"。

羊祜在荆州任内，曾有一段时间常常轻裘缓带，外出渔猎，影响军政事务。一次又欲夜出，军司徐胤执戟挡住营门，大声说道："将军都督万里，安可轻脱！将军之安危，亦国家之安危也。你杀死我，才能给你开门"。羊祜听后深为感动，改容相谢，从此很少再外出渔猎。后来，荆州地区在羊祜的治理下，军事实力得到了迅速地增强。晋武帝将汉东江夏诸军都拨归羊祜指挥，并加封他为车骑将军。

公元272年，吴国西陵都督步阐举城降晋。吴国将军陆抗发兵围攻西陵。羊祜奉命救援步阐，为陆抗所阻，失利而回，羊祜因而被降为平南将军。羊祜由此得出教训：吞灭吴国还要做进一步的准备工作，他派兵进据险要之地，修建五座城池"收膏腴之地"，对吴国形成了逼迫之势。

在加强军事压力的同时，羊祜进一步推行怀柔附远的政策。对待作战俘获的吴军将领，生者遣送回家，死者厚加殡敛，于是吴军前后降者不绝。羊祜率军作战进入吴境，所用吴人粮草，都折合成丝绢予以偿还。于是，被吴人称为"羊公"，以示尊敬。

此时与羊祜隔江相峙的是吴国名将陆抗，羊祜也待之以礼，互通使命。陆抗赠酒，羊祜饮用不疑，羊祜送药，陆抗服食不惧。陆抗称赞羊祜德量宽宏，"虽乐毅、诸葛孔明不能过也"。最后，羊祜实行怀柔政策取得了明显的效果，削弱了吴国军民对晋国的抗拒心理，出现了"前后降者不绝"的局面；掩护了地域上的逐步推进，制造了边境平静的假象，松懈了防守吴军的戒备，为晋国灭吴奠定了基础。

公元276年10月，随着灭吴准备工作的逐步完成，羊祜在受封为征南大将军之后，正式向晋武帝提出了他筹划已久的灭吴方略。晋武帝虽很赞赏，但朝中参政的大臣大多表示反对，因此一时难以实行。

公元278年，羊祜病重，请求入朝。他带病向晋武帝面陈伐吴之计。武帝又命中书令张华向羊祜细询伐吴策略，羊祜强调伐吴时机已经成熟，如果昏庸的孙皓死去，吴国更立明主，那么"虽百万之众，长江未可而越也，将为后患"，张华深表赞同，羊祜也寄厚于张华，晋武帝准备让羊祜于病榻之上指挥伐吴大军，羊祜表示不须自己前往，而推荐杜预代己都督荆州诸军事。杜预不负众望，成为后来灭吴之战的主要指挥者。11月，羊祜病逝，终于58岁。

羊祜生前虽未能亲自率军攻灭吴国，但他却为灭吴奠定了雄厚的物质基础，制定了可行的作战方略，推荐了优秀的军事将领，这一切都保障了晋国攻吴之战的成功。

公元280年3月，晋军攻占吴国，捷报传来，群臣庆贺，晋武帝执杯流泪说："此羊祜之功也！"

"杜武库" 以计代战

杜预（公元222年～284年），字元凯，京兆郡杜陵县（今陕西西安）人，出身于魏国的官吏世家。杜预"博学多通，明于兴废之道"，但因其父杜恕（任幽州刺史）与丞相司马懿不和而长期得不到任用。司马昭执掌魏国朝政后，杜预娶司马昭之妹高陆公主为妻，才被起用，拜尚书郎。司马炎称帝后，杜预任河南尹后又改任秦州刺史，领东羌校尉轻骑将军。

匈奴师刘猛举兵反叛，杜预受任度支尚书。他提出了"内以利国外以救边"的军政要策50余条，都被采纳实行，结果平息了边疆的反叛。杜预还在律令、吏制、时令、建桥、救荒、利农等多方面都有所建树。史书说他"损益万机，不可胜数，朝野称美，号曰'杜武库'，言其无所不有也"。

晋武帝司马炎有灭吴之志，当时朝中太尉贾充等竭力反对，唯有羊祜、张华和杜预赞同伐吴。羊祜病重，推举杜预接替自己，出镇襄阳。于是晋武帝任杜预为镇南大将军，都督荆州诸军事，杜预到任后即整军备武，趁西陵吴军不备之时，挑选精锐兵马突袭西陵，大破吴军。西陵守将张政本不愿将实情上报，杜预将俘获的兵众送还孙皓，以离间吴国君臣，孙皓果然因此而撤换了张政。

杜预备战已毕，请示伐吴日期，晋武帝告之准备明年再行大军出兵之事。杜预立即上表，反对拖延。杜预奉章到时，晋武帝正与中书令张华下围棋。阅奉章之后，张华说："陛下圣武，国富民强，吴主淫虐，诛杀贤能，当今讨之，可不劳而定，愿勿以为疑"，晋武帝至此方定下决心，起兵伐吴。

公元279年11月，晋武帝下诏大举伐吴，晋军20余万，依照当年羊祜的灭吴方略，分为数路，沿长江一线，东起涂中，西至建平，同时向绵延数千里的吴国边境推进。

公元280年初，杜预统兵进抵吴国要地江陵。他分遣众将，授以方略，沿江西上，攻吴边城，以策应王浚。旬日之间，晋军连克吴国多座城邑。2月，杜预命周旨等部将率奇兵800，夜渡长江，攻袭乐乡。周旨等过江后按杜预所定之策，"多张旗帜，起火巴山，出于要害之地，以夺贼心"。吴军都督孙歆得报后十分惊慌。周旨等又依计伏兵于乐乡城外，当孙歆之军迎战王浚大败而回时，埋伏的晋军随败兵进入城内，直至孙歆军帐，生擒孙歆。杜预乘胜直取江陵，杜预声威大震，于是"沅、湘以南，至于交广，吴之州郡皆望风归命，奉送印缓"。杜预迅速平定了江南广大地区。此时，王浚所率水军自巴蜀顺流而下，火烧吴军所设横江铁锁，连克建平、丹阳、西陵、乐乡等地，吴国长江上游的防线全部崩溃。

杜预在王浚进至西陵时即致书，鼓励他进军建业。王浚得到杜预指示非常高兴，督率水军长驱而进，夏口、武昌无力抵抗，相继归降。王浚水军将至秣陵，王浑传令欲挟制王浚，令其暂停进兵。王浚楼船上风帆高悬，他命报于王浑："江风正利，不便停泊"，即统率水军战船，顺流鼓棹，直下建业。晋军船队，兵甲满江，旌旗烛天，威势甚盛。吴军未战胆丧，望旗而降。王浚率军入城，孙皓投降，吴国灭亡。

为安抚吴国民众，杜预还修缮吴地的故址遗迹，改建吴地的灌溉设施。吴国民众感激杜预的功业政绩，称他为"杜父"。

后赵石勒开国之战

后赵石勒本为羯族人，于晋永嘉元年（公元307年）归附刘渊，协助刘渊建立刘汉政权。永嘉五年，石勒与王弥、刘曜等攻陷洛阳后，引兵出辕辕屯许昌。8月，石勒又攻陷阳夏、蒙城，擒获晋豫章王司马端和大将军荀晞。汉主刘脱遂拜石勒为幽州牧。

石勒与王弥表面上友好，内心却互相存有疑忌。王弥听说石勒活捉晋朝大将军荀晞，写信对石勒说："您能把荀晞抓到，真是神人！如果让荀晞做您的左手，我来做您的右手，天下不难平定。"石勒与谋士张宾商议后认为：王弥的地位很高，却说出这么卑屈的话来，一定是想打我的主意。当时王弥正与晋将刘瑞相持于寿春，王弥因力不能支，请石勒救援，石勒采纳张宾之计，引兵协助王弥击斩刘瑞。王弥大喜，从此不再怀疑石勒。10月，石勒宴请王弥，席间亲手杀死王弥，并收纳其部下。

公元312年2月，石勒在葛陂大造舟船，准备进攻建业。张宾对石勒说："邺城山河四塞，应当北上占据那里，以经营河北。河北若在您的手中，天下无人可与您争锋了。"石勒遂引兵自葛陂北上，长驱至邺。转而进据襄国。然后，分遣诸将攻取冀州郡县，将所获全部运往襄国。汉主刘聪遂命石勒都督冀、幽、并、营四州军事，为冀州牧，进封上党公。

公元313年11月，晋幽州刺史，王浚欲称皇帝，石勒企图乘机进袭王浚，问计于张宾。张宾献策："王浚虽为晋臣，一直想废晋自立，他现在想得到您的支持，您不妨卑辞厚礼向他称臣，然后再寻隙消灭他。"

石勒于是派人带许多珍宝去见王浚，对王浚说："如今晋朝已经灭亡（指晋怀帝被掳往平阳），中原无主，您理应登基为帝。石勒奉戴陛下，将如对天地父母。"王浚听后大喜，不再防备石勒。

公元314年3月，石勒军抵达易水。王浚的部队都认为，石勒此来必有阴谋，请求出击。王浚生气地说："石勒是来拥戴我为帝的，再敢说出击者斩！"4月4日，石勒到达蓟城，怀疑城内有埋伏，先赶进数千头牛羊，说是献上的礼品。石勒进城后，纵兵大肆抢掠，并派人将王浚捉来，王浚痛骂石勒大逆不道。石勒下令将王浚押回襄国斩首，并杀死其部下精兵万人。

石勒既灭王浚，依张宾之计，决定进攻并州刘琨。公元316年4月石虎击下刘琨所署的廪丘。11月，石勒又进攻乐平太守韩据于坫城。韩据向刘琨请救。刘琨命箕澹领步骑2万为前锋，石勒立刻在山上遍布疑兵，然后轻骑佯败，箕澹纵兵追击，进入石勒的埋伏，箕澹仅率残骑千余人逃奔代郡。石勒派兵追杀箕澹于代郡，遂尽有并州之地。公元319年，石勒称赵王，将幽、冀、并三州均夺到自己手中，史称后赵开始。

石勒从此与前赵国主刘曜（继承匈奴刘汉政权改国号为赵，史称前赵）分庭抗礼，并准备取而代之。石勒于公元332年10月派兵进攻河南，占领城父。然后，转取陈留，徐、兖二州的重镇多投降后赵。次年3月，石勒又遣将攻下彭城、下邳。这年秋天，石勒遣石虎攻陷临淄、广固，曹嶷出降被杀。石勒遂并有青州之地。

公元324年，石勒派石生击斩前赵河南太守尹平于新安，后又使石生进攻许、颖，俘获甚众。次年春夏之间，东晋都尉鲁潜与李矩，郭默相继投降石勒，司、豫、徐、兖四川尽为后赵所有。

公元328年夏天，石勒又派石堪进攻宛城，东晋南阳太守投降。7月，石堪与石脱合兵攻陷寿春，祖约败走历阳。不久，石勒亲自出兵，前往洛阳与刘曜决战。刘曜听说石勒亲自来战，集兵10余万在洛水以西列陈。石勒进入洛阳，一举将前赵军击溃，并俘获刘曜，押回襄国杀死。

公元329年春天，石勒派石生率洛阳之军进攻长安，前赵长安守将蒋英，辛恕率10万守军投降后赵。前赵南阳王刘胤逃回上邽，石虎乘胜追击，刘熙、刘胤等被斩，前赵从此灭亡，中国北方皆为石勒所有。

此时仍在与石勒抗衡的，仅有割据江南的东晋和割据蜀汉的李雄所建的成国。东晋咸和5年后赵建平元年（公元330年）9月，石勒即皇帝位于襄国。

东晋名将谢玄才雄略大

谢玄（公元343年～388年），东晋名将，字幼度，陈郡阳夏（今河南省太康县）人，出身大族，先祖多为显官，其叔父谢安系东晋政治家，位至宰相。

谢玄小时候聪颖敏慧，到了壮年，才智过人，颇有大略，被大司马桓温所赏识，召为行军司马，兼领南郡（南郡治所在江陵）相。这时，前秦苻坚已初步平定北方，不时派军南侵。东晋朝廷决定选求良将以镇御北方，谢安以"举贤不避亲"，推荐谢玄应举，晋朝命谢玄率众万余住救彭城。谢玄应召还京，拜建武将军、衮州刺史，领广陵相，监管江北晋军。

公元387年，秦王苻坚遣子苻丕、将军句难率步骑7万，围攻襄阳，另派大将彭超引军7万进攻彭城。谢玄军行至泗口（今江苏省淮南市西南），派部将田泓泗水潜行进彭城，将到城下，为秦军所获。秦军许以重利，命泓位语城中，只说南军已败，泓佯为允许，及至城下，泓乃大呼："南军援救已至，我单行来报，现为敌军所虏，望诸军努力待援。"说至此，遂遇害。这时，秦将彭超留辎重在留城，谢玄声言派何谦率军一部往劫秦军辎重。彭超得知这一消息，乃引兵国救留城。彭城太守戴乘机率彭城晋军突围，安全撤出。

公元379年，秦将彭超、句难率军南侵，相继攻陷盱眙、淮阴、又率6万之众围攻三阿。晋廷急命谢玄从广陵率军驰援三阿，进至白马塘，与秦军相遇，经激战，击斩秦将都颜，大破秦军，遂解三阿之围。谢玄趁势进击，纵横驰骋，锐不可当，斩秦将邵保，又破秦军。彭超、句难遂引军退走，谢玄率何谦、戴、田洛等并力追击，至盱眙县北之君川，又与秦军大战，复大破之。彭超、句难仓皇北逃，仅以身免。谢玄还广陵，威名远扬，晋孝武帝进谢玄为冠军将军，加领徐州刺史，封东兴县侯。

公元383年秋，秦王苻坚为了攻占南方，统一南北，亲自率领90万大军、南下灭晋。谢玄率晋军主力屯于洛涧南岸，与秦军构成对峙之势。谢玄认为秦军兵力权信于己，应在秦军尚未全部到达的时候发起猛攻。于是谢玄命猛将刘牢之率精兵5000，进攻洛涧的秦军阵地。秦将梁成阻涧列阵，刘牢之一面分军迂回秦军侧后，断其退路，一面亲自引军强渡洛水，夜袭梁成中军大营。由于晋军来势凶猛，秦军抵挡不住，主将梁成战死，失去指挥，全歼秦军15000余人，大获全胜。

洛涧获胜，谢玄乘胜指挥部队水陆并进，秦王苻坚和苻融督秦军沿肥水列阵，阻止晋军反攻。谢玄为求速战，遂派使者言于苻融："君悬军深入，志在求战，今逼水为阵，乃持久之计，非速战之策。如真欲速战，应移阵稍退，使我军得渡，以决胜负。"苻坚答应了谢玄的要求，下令秦军后退。秦军本来内部不稳，令一下，阵势大乱。谢玄乘势率精骑突击，抢渡肥水，奋击秦军。苻融见势不好，驰骑略阵，马被晋军射倒，自己也为晋军所杀，秦军大乱，溃不成军。谢玄乘胜猛追，直至青冈（寿阳北30里处）。秦军自相践踏，死者不计其数，苻坚亦中矢北逃。谢玄凯旋班师，孝武帝进谢玄为前将军，谢玄固辞不受。

稍事休整，晋孝武帝又命谢玄为前锋都督，率同冠军将军桓石虔等，进兵涡（涡河）颍（颍河），往定兖、青各州。谢玄相继派参军刘袭破秦兖州刺史张崇，遣高素收降秦青州刺史苻朗，命龙骧将军刘牢之进伐冀州。不久，晋廷加谢玄都督徐、兖、青、司、冀、幽、并7州军事，加封康乐公。嗣后，谢玄病故。

刘裕灭后秦之战

刘裕在平定卢循、刘毅之后，把矛头首先指向国势渐衰的后秦。

刘裕灭后秦之战，东晋义熙十二年（公元416年），太尉刘裕率东晋军攻克长安（今西安市西北）灭亡后秦的战争。后秦国主姚兴病死，太子姚泓即位。姚兴的另外几个儿子（如姚弼、姚愔、姚耕儿等）谋夺帝位，被姚泓一一斩除。周围的割据势力乘后秦内乱不断进攻后秦。这时，刘裕认为进攻后秦的时机已到，命长子刘义符和亲信刘穆之等留守建康，亲率10余万大军出征。

9月，刘裕的部将王镇恶、檀道济率前锋主力进入后秦国境，所向皆捷，连夺漆丘、项城、新蔡等地，并进克中原重镇许昌，擒获后秦颍川太守姚垣及大将杨业等。部将沈林子军自汴入河，攻克仓垣（今河南开封东北），击降后秦兖州刺史韦华。

10月，分道向洛阳挺进的王镇恶与檀道济在成皋会师，后秦阳城、荥阳二城皆降。镇守活阳的后秦征南将军姚洸向长安求救。秦王姚泓派越骑校尉闰生率骑兵3000，武卫将军姚益男率步卒1万前去助守。很快，成皋、虎牢守军相继投降晋军。王镇恶、檀道济、沈林子等长驱而进，赶走石无讳，击斩赵玄，然后逼近洛阳，迫使姚洸出降。

在晋军占领洛阳的同时，西秦国主乞伏炽磐加紧攻击后秦的上邽，并遣使与刘裕联系。刘裕拜乞伏炽磐为平西将军、河南公。后秦在西秦和东晋交相逼迫之下，内部不断发生叛乱。

刘裕乘后秦内乱,自率大军西进。部将王镇恶不等刘裕大军到来,乘胜进击渑池(位于河南省西北部),擒获后秦弘农太守尹雅,然后引兵疾趋潼关。檀道济、沈林子则从陕县以北渡河,攻拔襄邑堡(今山西省平芮城东)。然后,檀桓济引兵前往潼关。后秦将领姚绍自潼关出战,遭到檀道济、沈林子痛击,损兵千余,姚绍只好死守潼关,不再与晋军交战。

刘裕于3月初溯河西进。派数千骑兵沿黄河北岸不断干扰。4月,刘裕为排除魏军干扰,派将军丁昕和朱超石率精兵数千,战车百乘在北岸登陆,驱逐魏军。双方经过一场激战,将魏军击往畔城,从而保障了大军顺利西进。5月,刘裕大军抵达洛阳。

7月,王镇恶,檀道济等仍在潼关与秦军相持,而沈田子、付弘部已进入武关,占领青泥。秦主姚泓想消灭沈田子军,沈田子乘后秦军主力立足未稳,激励士卒奋战,终于击败后秦军,迫使姚泓退回灞上。8月,刘裕来到潼关。王镇恶因被久阻于潼关之外不得前进,感到脸上无光,向刘裕请求率水军从黄河进入渭水,直逼长安。刘裕答应了这一要求。后秦恢武将军姚难自香城回救长安,遭到溯渭水西进的王镇恶部的痛击。秦主姚泓闻讯,自灞上引兵往石桥按应姚难,与姚难合兵泾上,企图阻击王镇恶。王镇恶派部将毛德祖将其击破。在潼关的姚,得知晋军由渭水迫近长安,放弃潼关,退守郑城。刘裕遂挥师过潼关跟进。8月23日,王镇恶军抵达渭桥,弃舟上岸,击破姚丕军。姚弘和姚率军来救,被姚丕的败兵冲溃。王镇恶部乘势由平朔门攻入长安,迫使姚泓投降。后秦至此灭亡。

刘裕攻克长安后,因其留守建康的亲信刘穆之病故,深恐后方有变,在长安仅停留了2个多月,便率主力东归,而命其子刘义真和部分将领留守长安。不久,大夏国主赫连勃勃乘机进攻长安,长安的晋军将领之间又互相残杀（沈田子杀王镇恶，王修杀沈田子，刘义真杀王修），刘义真被迫于东晋义熙十四年（公元418年）退出长安（西安的古称）。

　　刘裕返回建康，派人缢死晋安帝，暂立琅琊王司马德文为帝。一年后，又逼迫司马德文禅位于己，改国号为宋，史称刘宋。

侯景乱梁之战

东魏武定五年（公元547年），高欢死后，部将侯景不愿接受高欢的儿子高澄的辖制，据颍川（今河南禹州）反叛，投降梁朝。梁武帝萧衍封侯景为大将军、河南王。5月，高澄率数万东魏军讨伐侯景，侯景见梁救不了他，以割东豫、北荆州、鲁阳、长社四城作为条件，请西魏出兵援救。宇文泰命荆州刺史王思政率步骑万余前去颍川，并加封侯景为大将军兼尚书令。在东魏军撤退之后，侯景又与宇文泰决裂，宣布归附梁朝，被梁武帝派驻寿阳（今安徽寿阳县）。

公元548年8月，梁临贺王萧正德因贪暴不法，屡次遭到梁武帝申斥。萧正德心怀愤恨，侯景闻知，派人与其勾结，而且举兵自寿阳进攻马头（历史称谓，古城名）。梁武帝闻讯大怒，立即派兵前去讨伐。侯景留部将王显贵守寿阳，袭击谯州。10月，侯景又攻破历阳。历阳太守庄铁鼓励侯景攻建康，侯景以庄铁为前导，引兵临江。10月21日，梁武帝命萧正德为平北将军，屯守丹杨郡。萧正德派大船数十艘诈称载运芦荟，秘密接济侯景辎重。这时，临川太守陈昕认为采石须重兵镇守，王质的水军力量轻弱，恐不济事，主动向梁武帝请求前往采石。侯景遂于22日率军8000自横江（安徽南部河流）渡江，抢占采石，擒获赶来换防的陈昕。然后，侯景分兵袭击姑孰（位于安徽省马鞍山市当涂县），擒获淮南太守萧守，使建康为之震动。

10月25日，侯景乘胜进至建康，攻城未克，因恐援军四集，放纵士卒大肆掠夺。梁荆州刺史湘东王萧绎等，约定共同入援建康。侯景退往覆舟北上。11月，侯景继续围攻建康，北徐州刺史萧正表投降侯景，在欧阳江中立栅，阻遏江陵方面的援军。12月，正当侯景攻城益急之际，湘东王萧绎派其子萧方率步骑1万入援建康，又派竟陵太守王僧辩率舟师出汉川东下。侯景见建康久攻不下，发动火攻，并引玄武湖水灌城。

这时，前来入援的衡州刺史韦粲等，会师于新林王游苑，合兵10余万，共推柳仲礼为大都督。次年1月，侯景大破韦粲于青塘，柳仲礼往救，将侯景击却，双方遂隔秦淮河对峙。1月27日，东扬州刺史萧大连等的部队渡过秦淮河，迫使侯景军后退。这时，由于柳仲礼忘乎所以，凌侮来援诸将，致使来援诸将无有战心，各自思归。

2月，建康城在久困之下已然粮尽，侯景军亦感乏食。侯景一面伪装求和，一面派军去各地运米。梁武帝终于应允求和。5月，侯景已解决粮食补充问题，立刻反悔，加紧攻城。此刻援军有的离去，尚未离去的也不再出战，建康遂陷。侯景进入建康后，逼死梁武帝，立太子萧纲为帝，是为简文帝。

公元550年5月，侯景乘江州刺史萧大心与鄱阳王萧范正在相互攻伐，派部将任约、于庆等进攻江州豫章（大致相于今江西省北部）。任约、于庆任夺战豫章后，分兵而进，于庆向新淦，任约向鄱州。江西都市陈霸先闻讯，沿赣江顺流而下，与巴山太守贺翙合兵，击败于庆。任约进击西阳、武昌，又袭破萧纶于齐昌。侯景闻讯大喜，在建康自封为相国和汉王。

梁大宝二年（公元551年）1月，新吴太守余孝顷举兵声讨侯景，侯景命于庆攻之。与此同时，萧绎派护军将军尹说、安东将军杜幼安、巴州刺史王珣等率军2万，进击任约。

3月，秦州刺史徐文盛等攻克武昌，任约向侯景告急。侯景亲自率军西上。这时，任约已分兵袭破定州，斩定州刺史田龙祖于齐全。侯景听说江夏空虚，命宋子仙和任约率轻骑由淮内过江，袭陷郢州，接着又进兵江夏，迫使徐文盛诸军溃败，逼降王珣、杜幼安。萧绎派天门太守胡僧祐率水军入援巴陵，与信州刺史陆法和在赤沙亭会师，擒获任约。侯景闻知，自率大军顺流东归，返抵建康。

　　侯景自巴陵失败还建康后，见自己的猛将大多战死，深恐不能久存，急欲早登大位，于是废黜简文帝，暂迎豫章王萧栋为帝，接着又杀死简文帝，逼萧栋禅位于己，自称汉帝。次年1月，萧绎命王僧辩率诸军从寻阳出发。陈霸先亦率甲士3万，舟船2000从南江北上，王僧辩军袭破南陵、鹊头二地。侯景急命侯子鉴率水师拒之。侯子鉴在战鸟与王僧辩和陈霸先遭遇，败奔淮南（今安徽省地级市）。3月13日，王僧辩率诸军到建康，侯景慌逃奔朱方。王僧辩命侯瑱追击侯景。这时，侯景被其内兄弟侃鹍杀死，尸体送往建康。侯景乱梁之战，至此结束。

隋与突厥之战

　　隋与突厥之战，是隋朝对突厥的防御战争。隋朝最后与突厥的战争胜利后，得以将势力扩展到蒙古高原。同时也有利于保护中原地区经济与文化。

　　北周的强邻北有突厥，南有陈朝、西有吐谷浑。杨坚平定尉迟迥等人作乱后，与突厥通好，准备先南下伐陈。这时，突厥分化为四个部分，分别由两位可汗统治，其中沙钵略可汗的势力最大。沙钵略可汗见杨坚篡周后对自己礼薄，心怀怨恨，他的妻子千金公主是北周赵王宇文招之女，极力怂恿其为北周复仇入侵隋朝。

　　隋开皇元年（公元581年），突厥前锋开始南下，与原北齐营州刺史高宝宁合兵，攻陷隋临榆镇。隋文帝杨坚一面发兵屯守北境，一面派奉车都尉长孙晟出使突厥，以观突厥情势。长孙晟在突厥期间，与沙钵略可汗的弟弟突利设暗中结监，探得突厥山川形势，并了解到沙钵略、达头、阿波、奄逻叔侄兄弟四人名统强兵，俱称可汗、分居四面，可以离间。长孙晟建议以计攻之。杨坚大喜，立即派太仆元晖出伊吾道拜见达头可汗，派长孙晟出黄龙道约见突利设。突厥内部果然互发疑心。

　　公元582年春天，突厥四可汗在沙钵略可汗号召下，领兵40万，向隋朝北部边境全线入侵。4月下旬，沙钵略可汗之军进至河北山，击破前来迎战的隋上柱国李充。达头可汗之军亦长驱疾进，击破隋乙弗泊守将冯显和临洮守将叱李长叉，进至鸡头山六盘山古名，向武威、兰州进击。6月中旬，隋将李充在马邑击败突厥兵一部。同月，达头可汗进攻兰州，被隋凉州总管贺娄子干击败于可洛。10月，沙钵略可汗率10多万大军进至周槃，隋行军总管达奚长儒奋力抵抗，给突厥兵以重创，所部伤亡殆尽。这时，达头可汗由于被长孙晟离间，不愿再继续南下，而引兵北撤。长孙晟又买通沙钵略可汗侄子染干，诈告沙钵略可汗："铁勒（匈奴部落）在后方造反，欲袭王庭。"沙钵略可汗听后大惊，立即班师出塞。

公元583年4月，杨坚下诏反击突厥，分军8路出塞，总兵力约10万人。杨爽于4月12日与沙钵略可汗在白道相遇。杨爽拨给李充精骑5000，命其发动掩袭，打败了沙钵略可汗。与此同时，河间王杨弘自平凉出灵州道迎击突厥，亦歼敌数千。幽州总管阴寿乘机进击高宝宁，高宝宁也败了北。阴寿悬赏高宝宁首级，高宝宁为其部将赵修罗所杀。5月，隋秦州总管窦荣定进击凉州，与阿波可汗相拒于高越原（今甘肃省张掖、武威两县间），阿波可汗见隋军兵势强盛，欲引军退去。长孙晟正在窦荣定军中为偏将，派人对阿波可汗说："如今达头可汗已经与隋言和，而沙钵略可汗却奈何不得他。阿波可汗为何不也依附于隋，并联结达头可汗以求自保？否则，阿波可汗丧兵负罪、回国后必然为沙钵略可汗戮辱"。阿波可汗于是表示归顺隋朝。沙钵略可汗素来忌恨阿波可汗，听说其暗通隋朝，立即发兵来讨。阿波可汗兵败，投奔达头可汗。达头可汗闻讯大怒，让阿波可汗率军数万东击沙钵略可汗，收用其故地和旧部。这时，奄逻可汗和沙钵略可汗的从弟地勤察不满沙钵略可汗，引兵分别归附达头可汗和阿波可汗。

6月，四位可汗的角斗一停，沙钵略可汗腾出手来再次入侵幽州。隋幽州总管李崇迎战失利，退保沙城。不久，沙钵略可汗因西受达头、阿波可汗的攻击，东畏契丹的逼迫，不想再与隋军作战，遣使向杨坚请求和亲。杨坚立即应允，并封沙钵略可汗之妻千金公主为大义公主，赐姓杨。公元587年，沙钵略可汗死去，其子雍虞闾继为可汗，称都兰可汗。都兰可汗企图进攻大同城（山西大同市老城），杨坚于公元599年2月再次讨伐突厥。4月都兰可汗败走，12月都兰可汗被其部下所杀。达头可汗为挽救突厥颓势，集兵进犯隋边塞。杨坚命杨广和杨素前去讨伐。达头可汗闻讯北逃。

公元602年春，达头可汗主力被歼。此后，突利可汗的东突厥，亦为隋朝的属国。

义军领袖李密志远才雄

李密（公元582年～618年），字玄邃，一字法主。隋末农民起义领袖之一。祖居辽东襄平，父李宽为隋上柱国，蒲山郡公，定居长安。李密自幼善读兵书，才兼文武，志气雄远。公元616年，投归瓦岗军，辅佐翟让联合附近各支起义军，对瓦岗军的发展，壮大，作出过较大的贡献。

李密原任东宫太子杨勇的侍卫武官。后杨勇被废，文帝杨坚改立杨广为太子。李密被迫辞职，在家专务读书。后与杨素相遇，交谈后，大受杨素赏识。他成了杨素之子杨玄感的好朋友。

隋炀帝杨广第二次进攻高丽时，杨玄感受命在黎阳监督运粮，乘机起兵，李密参加反隋，成为杨玄感集团领导核心人物之一，为之出谋划策。当杨玄感起兵反隋的消息到达前线时，杨广"大惧"，"密召诸将使引军还，军资、器械、攻具，积如丘山，营垒、帐幕，安堵不动，皆弃之而去"。但是，杨玄感目光短浅，不采纳李密的上计，隋援军到来之后，杨玄感战败被杀。

李密反隋失败后，匿于杨玄感从叔杨询之妻家中。因邻人告密被捕。因于京兆狱中。在押往高阳杨广行营时，中途于邯郸逃走。历经波折，后在王伯当的介绍下，于公元616年投奔瓦岗军。李密至瓦岗后，说服附近各小支农民起义军归附瓦岗，于是得到瓦岗领袖翟让的信任。此时瓦岗军因实力不断扩大，军粮来源渐成问题。翟让采纳了李密之策，决定西向发展。先破金隄关，然后攻克荥阳附近各县，瓦岗军声势大振。杨广为了对付瓦岗军，派河南道十二郡讨捕大使张须陀为荥阳通守，迎击瓦岗军。翟让不得已列阵备战，李密分兵千余人设伏在大海寺北树林内，张须陀素轻视翟让，"方阵而前"，翟军小却，张军追击十余里，李密发伏兵掩袭，张军溃败，瓦岗军四面围之，张须陀反复冲杀突围，终至战死。翟让为报李密大海寺之役的战功，令李密自领一部，建牙（牙帐）设属，号蒲山公营。李密约束士卒，号令严整，自奉俭约，所得金宝，悉数分与部众，于是人人尽愿为其用。不久，李密劝翟让攻取洛口仓，认为"发粟以赈穷乏，远近孰不归附！百万之众，一朝可集。"于是，翟让，李密等率精兵7000于公元617年2月，一举袭占洛口仓。开仓济贫，深得人民拥戴，纷纷请求参加起义军。这时，隋王杨侗派大将刘长恭率步骑25000人东击瓦岗军。命河南讨捕裴仁基等率部自虎牢西进，从侧背掩袭瓦岗军，并约期会师于洛口仓。李密、翟让挑选精锐，区分为10队，以四面埋伏在横岭下，以待裴仁基军，以六队阵于石子河东。刘长恭兵到，见瓦岗军少，有轻视之意。翟让率部先战，不利后撤。李密率军由右翼实施侧击，隋军大败溃逃，士卒死者十之五六。

翟让自知才能不及李密，于是推荐李密为瓦岗军首领。筑城洛口，周围40里。河南郡县大多为瓦岗军统辖。隋虎牢守将裴仁基、淮阳太守赵陀先后降、长白山义军首领孟让也来归附。李密令裴仁基、孟让袭占回洛仓（隋洛阳故城北七里）逼近洛阳郊区。此时，中原各小支起义军都来归附，瓦岗军声势更振。此后又趁势袭取了黎阳仓，开仓赈济饥民，仅十日就发展到20余万人。

公元617年，杨广为保住洛阳，派江都通守王世充率兵5万增援洛阳。李密以一部兵力退向月城，吸引王世充军兵力，亲率精骑，直渡洛水，迳捣黑石。当王世充军包围月城时，黑石隋军告急；王世充不得不仓促回军急救，瓦岗军回师迎战，大败王军，杀3000余人。黑石之战，再次显示了李密指挥战役的机动灵活性，调动敌人，趁机击灭，但也助长了李密的骄满之心。李密对翟让早有疑忌，又听信谗言，杀害了翟让，为瓦岗军种下了失败因素。

公元683年，李密与宇文军交战期间，王世充控制了洛阳政权，王世充利用瓦岗军在童山新战之后消耗大，将士疲惫未做休整的机会，选精锐2万余，马2000匹，进击李密，瓦岗军近战不利，将领10余人受伤。次日，李密亲率精兵出偃师，北托邙山以待王军。王世充先以200骑兵潜入北邙山设伏，然后正面出击。瓦岗军阵未列好，即遭到前后冲杀。王世充又把一貌似李密的人缚在阵前，命士卒大呼"已获李密矣"。瓦岗军一时大溃，李密率万余人向洛口撤退。此役王军共俘降瓦岗军及其后方人员10万余人。器械、粮草无数。李密不得已率残部2万西入关中，降于李渊，从而使瓦岗军彻底瓦解、失败。李密降唐后，未得重用，颇有怨望。不久，为李渊所杀。

唐太宗李世民用兵有术

李世民（公元599年～649年），即唐太宗。祖籍陇西成纪（今甘肃秦安），后世居陕西武功，系唐高祖李渊次子。隋末佐父起兵反隋，战功卓著。唐统一战争中的各次主要战役，多为他策划、指挥。公元626年，他发动玄武门之变，继位皇帝。在位期间，以亡隋为鉴，励精图治，用贤纳谏，使社会经济有所发展。他是我国历史上著名的政治家，也是杰出的军事统帅和军事战略家。

公元617年，李世民协父策划了"晋阳起兵"，北和突厥，巩固后方；东和瓦岗，借为屏障；并出击山河，以树声威，开仓济民，扩大影响。于是从者日众，兵力剧增。当年7月间，李渊率军3万，由太原沿汾水南下，进军关中，隋将宋老生率军两万扼守霍邑。屈突通率军一万守河东。裴寂等建议撤回太原。李渊同意退军。李世民极力反对，结果在霍邑大败隋军，俘宋老生及所部数万人。

霍邑获胜后，李世民军到之处，隋军皆降，又收编当地农民起义部队，不久就号称"胜兵9万"，屯于洛阳，对长安形成钳形合围。十一月初九攻占长安。次年，李渊称帝、国号唐，改元武德。以建成为太子，李世民为秦王。

唐王朝建立之后，天子不便亲征，李世民遂以军事统帅的身份，指挥唐军主力，共领导了多次战略性战役。

薛举集团盘踞陇右地区，自称秦帝。公元618年6月，李渊称帝不久，薛举就率兵进攻泾州。适薛举病死，其子薛仁杲继位、屯军折墌。当年冬，李世民率军击薛仁杲。李世民决定以逸待劳、后发制人的作战指导。薛军大将宗罗睺多次挑战，李世民均坚壁不出。相持60余日。薛军粮尽，其将梁胡郎来降。李世民认为时机已到，命梁实设阵浅水原以诱薛军。宗罗睺果然来攻。梁实扼险固守，急切难下。李世民见薛军已疲，又派庞玉在浅水原南布阵，宗罗睺掉头来攻，李世民自率主力自浅水原北侧击薛军，形成前后夹击，最后薛仁杲被迫投降。

公元619年4月，马邑刘武周在突厥唆使下向唐发动进攻，袭取了榆次。晋州以北，除汾州外，全落入刘军之手。

李世民在11月利用坚冰，自龙门渡河，屯军柏壁，与宋金刚军主力对峙，秣兵休马，坚壁不战。4月，宋军粮尽，被迫北逃。李世民军乘势追击，紧追不舍。一昼夜行200里，大小数十战。追及宋金刚于雀鼠谷，一日八战皆胜，俘斩宋军数万人。以后，又追歼宋军残部于介休，宋将尉迟敬德等降，刘武周、宋金刚逃向突厥，河东遂平。

公元620年7月，李世民率军东进，包围洛阳。洛阳守将为王世充，此时已废杨侗自称郑帝。被围后，派人向河北农民起义军领袖夏王窦建德求救。次年3月，窦建德率军10余万西救洛阳，屯军在成皋西源。世民使李元吉率军主力续围洛阳，自率精兵3500人，东趋虎牢。李世民率一部兵力，北渡黄河，察敌形势，留马千匹，牧于河边，以诱窦军。窦建德果然尽出其军，在汜水东岸布阵，北依黄河，南至鹊山，正面宽约20里，有一举攻下虎牢之势。李世民令宇文士及率轻骑300由北向南驰行，并预示他如敌阵严整不动，即行回军，如阵势动摇，即乘势冲击。宇文部行动后，窦军阵势动摇，唐军放牧的马也恰好回营，唐军遂全军冲击，李世民亲率精锐直冲窦军大营，窦建德正在朝会，仓促应战，遂大溃败，唐军追击30里，俘窦建德及其将兵5万人。唐军回师洛阳后，以窦建德示王世充，王不得不请降。李世民一举两捷，虎牢一战而平定夏、郑两国。

公元626年6月，李世民在尉迟敬德、长孙无忌等支持下，发动了"玄武门之变"。杀死长兄、太子李建成及四弟李元吉。8月间李世民正式即皇帝位，李渊退为太上皇。

　　唐朝建国后，突厥进犯不断，李世民以大量财物赂之求和，与之订盟。李世民对突厥的这些政策，增加了沿边各少数民族的向心力，请求臣服，共尊李世民为"天可汗"。此后，又相继灭掉薛延陀、击降吐谷浑，平定高昌，战败龟兹。李世民又执行和亲政策，屡以宗室公主嫁与少数民族首领，其中，以文成公主出嫁吐蕃王松赞干布，影响深远，及于现代。

宋将石守信盛年释兵权

　　石守信（公元928年～984年），开封浚仪人，是北宋初年著名大将。少时英武，精于骑射，青年时期就投役军旅。最初，投于后周太祖郭威，到广顺初年官至侍卫亲军都虞侯。曾跟随周世宗柴荣统征北汉，大战于山西高平。石守信英勇顽强，斩获颇多，深得柴荣的赏识，升为侍卫亲军左一军都校。嗣后又随周世宗进攻南唐，石守信为先锋，下六合，入涡口，克扬州，取得了淮南江北广大地区，遂领嘉州防御使。公元959年，又以陆路副都部署之职随周世宗北伐，因其功高迁升为殿前都虞侯。恭帝即位，加领义成军节度使。

　　公元960年，宋太祖代周自立，石守信因拥立有功，改领归德节度使，拜侍卫马步军副都指挥使。这时，原后周昭义军节度使太原李筠，约结北汉，举兵叛乱，袭破泽州，太祖命石守信与高怀德率前军进讨。石守信军至长平，与李筠相遇，斩首3000余级，数日攻克其城，李筠投火自焚，获北汉宰相卫融，复率军进攻潞州，李守节开城投降。因平泽州、潞州有功，宋太祖加石守信同平章事，以示荣典。

　　公元960年9月，原周检校太尉、淮南节度使李重进反于扬州，太祖命石守信率禁军先行往讨，太祖引六军随其后为援。军至泗州，舍舟登陆，不日即进至扬州城下。李重进凭恃长滩之险，缮修孤垒抵抗，但终因外绝救援，内乏资粮，不数日，石守信攻破扬州。公元961年石守信移镇郓州，兼侍卫亲军马步都指挥使。

　　公元963年，太祖召问枢密使赵普："自唐以来，帝王八易其姓，争战不息，生民涂地，原因何在？"赵普回答说。"根本原因是藩镇权势过重，君弱而臣强。今欲治之，唯有稍夺其权，控制钱粮，收其精兵，集权于中央，则天下自安"。于是借月一次晚朝的机会，太祖与石守信等饮酒，数巡后，太祖说："我非尔曹之力，不能登帝位，然而天子亦大艰难，殊不若为节度使之乐，我终夕未尝安枕而卧。"石守信等顿首说："陛下何故出此言？今天下已定，谁敢复有异心！"太祖说："人，孰不欲富贵，一旦有人以黄袍加汝之身，虽不欲为，亦不可得。"石守信等顿首涕泣说："臣等愚不及此，唯陛下指示可生之途。"太祖说。"人生如白驹过隙，卿等不如释去兵权，多置田宅，为子孙立永远之业，多置歌儿舞女，以终天年，这样，君臣之间，两无猜疑，上下相安，不亦善乎！"石守信等拜谢说："陛下念臣等至此，诚所谓生死骨肉之情。"明日，皆称疾请解兵权，以散官就第，太祖应允，赏赐甚厚。这就是历史上所说的赵匡胤杯酒释兵权。

至公元973年，宋太祖加授石守信为侍中，参与朝政。977年拜为中书令，行河南尹，任西京留守，后加检校太师。后因从征范阳督前军失利，责授崇信军节度使，兼中书令，复进封卫国公。公元982年迁镇陈州，后2年6个月病故。

石守信身为大将，与宋太祖赵匡胤情谊较厚，以其忠力成为建立北宋王朝的重要支持者。但在封建专制主义时代，大功与厚谊都不能排除君臣之间的猜疑。所以，石守信在交出兵权以后的10多年中，意志消沉，无大作为，聚敛财富，信奉佛教，以庸碌之身，了其余年。

宋金黄天荡之战

南宋建炎三年（1129年），金将兀术分兵两路渡江，连破建康等重要城镇，眼看就要打到杭州了。宋高宗带领一群投降派官员逃到海上去了。在临行前，任命韩世忠为浙西制置使，要他防守镇江。

这年年底，金将兀术的军队先后攻破了杭州，越州（绍兴古称）和明州，因为骑兵不习舟船，无法下海去追袭宋高宗，而在浙水沿岸，又被严州的乡兵击败于桐庐县的牛山下。大江南北的民军纷纷兴起，使金兵到处受到威胁。因此兀术不敢在东南作长久逗留，在杭州等地大肆烧杀了一番，于建炎四年春退走。韩世忠听说金兵要渡江北逃，便连夜把8000精兵开到镇江，在焦山寺（在镇江东北9里）和其他险要地方驻扎下来。韩世忠对他的部将说："这里的地势，以金山（在镇江西北7里）的龙王庙为最好，敌军一定要登山，来观察我军的虚实，我们应当给敌人一点厉害看看。"于是他把100名士兵分别埋伏在岸边和庙内，同时约定，听到鼓声，岸边伏兵首先杀入，庙内伏兵随后出击，两面夹攻，捉拿敌人。宋军埋伏好了以后，果然有5个骑着马的金军闯进庙内。埋伏在庙内的宋军看到一支只有5个人，没等听到鼓声，就首先奋勇地冲了出来，立刻捉住了2名敌人，另外的3人见势不妙，回头就跑，其中一个身穿红袍腰系玉带的将领，吓得从马身上跌了下来，立刻又跳上马背，打了几鞭子，飞也似的逃跑了。宋军随后追赶，差一点把他活捉。后来审问俘虏，才知道他就是金将兀术。

兀术回营以后，就派人到宋营去下战表，约定日期在江中进行会战。宋、金两军在江上会战多次。每次会战，韩世忠总是站在一艘艨艟大舰上，亲自指挥作战。他的夫人梁红玉也身穿铠甲，在同一只船上擂鼓助威，宋军士气异常高涨，军威大震。金军虽然多次拼命攻打，但是始终无法通过宋军的江上封锁线，被射死、俘虏的不知有多少，连兀术的女婿龙虎大王也被宋军活捉了过来。兀术异常恐慌，只得派使臣表示愿意把掠夺的财物全部送还，请求假道过渡，韩世忠不答应。

兀术无计可施，急忙率领残兵败将向黄天荡（在今江苏省江守县东北80里）退去。黄天荡原是江中一条断港，只有进去的路没有出去的路，兀术进去以后，才发觉这是一条死路，想要退出，又被韩世忠的军队封锁住了。兀术只有悬赏求计。有一个汉奸献计说："在黄天荡北面10多里的地方，原有一条老鹳（guàn）河，可以直通建康秦淮河（此河流经今南京市，又西北注入大江），只因年久淤塞，无人知晓。如果能够派人把它挖通，引水入内，那就有出路了"。兀术听后非常高兴，立即下令，连夜挖通老鹳河。兀求率部由新开的老鹳河向建康逃命，路过牛头山，又遭到岳飞军队的伏击，损失了不少兵马。岳飞军队乘胜收复了建康城。于是兀术只好又由原路退回黄天荡，仍然准备再从这里强行渡江北归。

韩世忠传令工匠，连夜打制铁索，并在它的一端装上大钩，分别授给壮士，一遇到敌船，便用铁钩搭住，把船拖着往水底沉。第二天，天刚蒙蒙亮，敌船果然从远处鼓噪前来，韩世忠命令士兵把海船分作两队，绕到敌船背后，用铁钩把它一个个钩翻。这时，兀术只好请韩世忠答话，哀求放开一条活路。韩世忠回答说："只要你肯把掳去的徽、钦二帝送回，同时归还侵占我国的全部土地，我就放你一条生路。"掠夺成性的兀术，自然不会同意这样的条件，他又想到悬赏求计的办法了。有一个居住在建康的福建人，应赏登上敌船，向兀术献了一个毒辣的奸计：他教兀术利用海风停息，宋军海船无风不能行驶时，用火箭射击宋军船舰的篷帆，篷帆一经射中，火就烧起来了。兀术照计实行。果然，使宋军的战船毕毕剥剥地燃烧起来。韩世忠率部力战，敌军矢下如雨，宋军防不胜防，救不胜救，一时之间，江面上烟焰蔽天，宋军被杀死、淹死的很多，韩世忠收集残兵回到镇江，兀术趁机逃出了黄天荡。

这次战争，韩世忠以8千孤军抗击兀木10万人马，虽然没有全歼敌军，但是宋军以寡敌众，使金军在荡内狼奔豕突达48天，给了敌人以沉重的打击。

宋金顺昌之战

金朝掌握军政大权的挞懒、蒲卢虎集团，为了打破宋金战争的僵局，把原属伪齐管辖的河南、陕西地区归还给南宋，同南宋议和，企图把南宋军队从江淮引到金骑兵能发挥优势的中原及关陕地区加以歼灭。宋高宗及秦桧不顾许多抗战派官员的反对，同金朝订立了和约，并于绍兴十年（1140年）4月，委任刘锜到刚从金人手中接管不久的开封去当"东京副留守"，让他带领马军司所辖的八字军及一部分殿前司兵去驻守开封。

就在刘锜赴任途中，在金朝内部争权斗争中得势的兀术撕毁了挞懒主持同南宋订立的协议，兵分4道向南宋大举进犯。刘锜在率1800名"八字军"乘船北上快到顺昌的时候，听到了兀术大举进犯的消息，立即下令全军舍舟上岸，急速从陆路挺进。当他率军于5月17日赶到顺昌府的时候，兀术重新占领开封的消息已经传到顺昌。

刘锜一到顺昌，知道顺昌还存有数万斛米粮，还存放许多伪齐时留下的毒药时，就认为顺昌城可以坚守。刘锜为杜绝一些将士想逃走的念头，把自己的家属安置在一座佛寺中，把柴薪堆在门口，命令守卫的士兵说："如果战况不利，你们就放火烧死我的家属，不要让她们受敌人的污辱。"这种誓与顺昌城共存亡的决心，使八字军的广大将士深受感动。全军精神振奋，男的准备战斗，妇女帮助磨刀剑。

在金兵游骑到达顺昌城下之前，刘锜派兵在城外设好埋伏。金兵游骑一到，就被打得措手不及。当金兵大批人马在葛王完颜襄指挥下，于5月底扑向顺昌时，刘锜一面派兵臣守羊马垣，一面下令大开城门。金兵见此情景，反而不敢上前，只在城外远处向顺昌城射箭攻击。金兵射来的箭大都被羊马垣挡住。刘锜指挥宋军，利用城墙和羊马垣为掩护，用强弓、劲弩向金兵射击。金兵在顺昌城外没有屏障遮拦，在宋军乱箭射击面前，伤亡很大，不得不退却。刘锜则趁金兵退却的时机，派步兵出击，把许多仓促退即的金兵赶入颍河中淹死，歼灭了金朝数千骑兵。

兀术听到金兵在顺昌失利的消息，立即率领10万大军兼程而来。刘锜挑选部将曹成等二人，混到金兵中说："刘锜是个公子哥，平日喜欢寻欢作乐，这次要去东京任职，是因为他认为朝廷该同金朝讲和，贪图享乐而来的。"兀术听了，得意忘形，滋长了轻敌的情绪。刘锜于6月8日派部将耿训去向兀术下战书。兀术见自己轻视的刘锜居然敢下战书，不禁勃然大怒道："刘锜怎么敢向我打仗？以我的兵力破城，用靴尖就能把城踢倒！"

6月9日凌晨，刘锜在颍河上架好了五座浮桥，引诱金兵过河会战。同时，他下令悄悄在颍河上游及战场周围的草丛中撒放毒药。兀术一清早就率军踏着刘锜为他们准备好的浮桥来攻顺昌城。金兵对顺昌东、西两门的进攻都被宋兵击退。早晨过后，天气逐渐炎热。金兵早晨又都没有吃饭，给逐渐升高的烈日暴晒，人马都又饥又渴。人去喝颍河的水，马吃水草，都中毒生病，人马更加疲乏。快到中午时分，刘锜忽派数百人开西门出战，以迷惑金兵。过了一会儿，又以数千精兵开南门，直扑金兀术大营。宋军将士人人奋勇争先，殊死战斗，冲入敌阵，刀斧乱下，兀术身穿白色战袍，骑在用铁甲武装起来的战马上，率领3千"牙兵"督战。这些"牙兵"都头戴铁盔，满身重铠武装，称为"铁浮图"。作战时，三人为一组，用皮索连在一起，每进一步，就用"拒马"（一种木架上插着长枪的防守器具）顶在后头，只能前进，不能退却，所以在战斗中都拼死向前，锐不可当。刘锜率领的八字军针对兀术这支亲兵行动不便的弱点，先用长枪挑掉他们头上戴的铁盔铁罩，然后用大斧破他们的手臂和脑袋，把兀术的这支精锐亲兵歼灭。在战斗最激烈时，兀兀术又指挥被称为"拐子马"的铁甲轻骑兵，分左右两翼向宋军冲杀过来。为了对付"拐子马"，刘锜让出战将士每人带一把大刀，一个装满豆子的竹筒。当"拐子马"出现时，就乱抛竹筒，把竹筒里的豆子撒了满战场。"拐子马"骑兵的马匹到这时已经都饿了，一见满地的豆子，都低头只顾吃地上的豆子，遍地竹筒也限制了马匹的行动。宋兵则用大刀专砍马腿。马一倒，金兵的骑兵也就束手就擒了。兀术见损失惨重，不得不暂时退却。

这时，南宋朝廷内部的秦桧串通了宋高宗，给刘锜下达了立即班师回朝的叛卖性诏令。刘锜压下诏令拒不执行，继续不断地袭击金兵。兀术在顺昌城下无法立足，终于在6月12日用竹筏架起浮桥渡过颍河，率军撤退。刘锜又乘势追击，歼灭1万多金兵。

元朝大将史天泽智勇兼备

　　史天泽（公元1202年～1275年），字润甫，河北省永清人。是我国元朝时的著名大将。史天泽生于战乱之世，少年就喜学武艺。成年之后，身材高大，精于骑射，武勇过人，随家兄史天倪在真定（今河北正定）军中。公元1225年，孛鲁（木华黎子）命史天泽代领河北西路兵马都元帅之职，同时还派笑乃觯来率蒙古军3000人，与史天泽合兵进攻庐奴。史天泽在蒙古军的配合下，率众迎击，身先士卒，奋勇冲杀。武仙军乘夜逃走。史天泽引军追击，活捉葛铁枪，斩杀甚众，尽获其兵甲辎重，军威大震。接着又乘胜南进，下中山，略无极，拔赵州，复克真定。

　　不久，宋大名府总管彭义斌暗与武仙联络，拟合兵夺取真定。武仙派人在真定城中暗结死士为内应，乘夜突袭，斩关而入，占据其城。史天泽因无戒备，仓促应变，仅率步卒数十人越城东走，至藁城，向守将董俊求援。董俊派援兵数百，当夜复返真定，会同笑乃觯军兵，捕获叛者300余人，武仙又率少数从骑逃归西山抱犊寨。史天泽进而攻取了抱犊寨、相州、卫州也相继降服。

　　公元1229年，窝阔台即大汗位，命史天泽为真定、河间、大名、东平、济南5路万户。次年冬，武仙复屯兵于卫州，史天泽会合诸军往袭。金将完颜哈达率军10万援救武仙，兵势甚锐，形势对元军十分不利，诸将皆有些不支。独史天泽率千余精兵绕到金军背后，杀散金之后军，乘金军大乱之际，前兵夹击，金军溃去，遂克复了卫州。

　　1232年春，太宗率军由白坡渡过黄河，诏命史天泽率本部人马由孟津渡河，会兵河南，围歼金将完颜哈达所部。史天泽进入河南后，命他诏降太康、柘城、睢州等州县，追斩金将完颜庆山，然后随拖雷进围汴京（即开封）。1233年春，金哀宗完颜守绪突围而出，命完颜白撒率众数万进袭新卫；情势危急，史天泽奉命率轻骑驰援。及至，金军已经合围。史天泽奋战突围，冲至城下，呼告守军"汝等勉力，援兵将至"。然后，复跃马杀出重圈。不久，援军赶到，遂与城内守军里外夹击，大破金军。

金亡之后，宋军依约进复三京（即东京开封、西京洛阳、南京应天即商丘）。蒙古败盟，决黄河水淹宋军，宋军败还，于是揭开了蒙古与宋的长期战争的序幕。1235年春，皇子曲出进攻宋之枣阳，史天泽为前驱，首先登城。随后又乘胜进攻襄阳。宋军利用水军优势据于汉水，以舟船数千陈列江西。史天泽率轻舟数只，载以死士，顺流疾进，直捣宋军水师，大挫宋军，杀伤及溺水者万余，然后回师北返。公元1258年秋，蒙军分三路南下。史天泽随宪宗蒙哥为西路，由蜀道进军四川。1259年夏，进围合州，由于宋将王坚的英勇抗击，围攻5月不克，准备撤围班师。这时，宋将吕文统率战船千余，逆嘉陵江而上，太宗命史天泽率众抵御。史天泽于是分军为两翼，占据江之两岸的有利地势，跨江怒射，自己亲率水师顺流奋击，三战三捷，夺宋军战船百余艘。

世祖忽必烈即位后，对史天泽十分器重，召天泽问以治国安民之道。史天泽建议说："朝廷应当先立省部以正纲纪，设监司以督诸路，施恩泽以安民心，退贪残以任贤能，禁贿赂以防奸邪，这样才能上下一致，天下大治"。这些建议得到了世祖的赞许，授以河南诸路宣抚使，兼领江淮诸翼兵马经略使。1264年以后，又加授光禄大夫、辅国上将军、枢密副使。1275年2月病逝，终年74岁。

刘伯温能掐会算料事如神

刘基（公元1311年~1375年），字伯温，原籍浙江南部青田，是明初著名的政治家和军事家。人们把他看作是诸葛亮一流的人物，把他说成是能掐会算、未卜先知的"活神仙"。实际上，刘基不过是一个有学问、有谋略，有军事指挥才能的军事家。

刘基生于士族之家，自幼聪明颖惠，情通经史，无书不读，很喜欢兵家著作。他曾在元朝至顺年间中进士，担任过县丞一类的小官。后弃官回到老家青田，写诗著说。明太祖朱元璋率起义部队进入江南以后，就派人送去很多礼物，请他出来给出谋划策，他应召见朱元璋。朱元璋专设礼贤馆款待他，经常向他请教军国大事。

当时，朱元璋、陈友谅、张士诚，三大股农民起义军各据一方，怎样才能实现统一中国的大业？朱元璋就此征求了刘基的意见。刘基胸有成竹地回答说："决定大策要全面分析宏观形势，审时度势，才能上应天命，下符民情，最后取得成功。张士诚缺乏宏图大略，不会有什么大作为。现时，我们的主要对手是陈友谅。他拥有精兵数十万众，我们应首先消灭他。陈氏消灭了，我们再回师东向，则一举可定江南。然后，北伐中原，消灭元朝统治者，成就帝王的大业。"朱元璋感到他说得很对，决心按照他的方略去办。

从此，朱元璋对刘基可以说是言听计从，十分信任。朱元璋未称帝前，有个时期遥奉韩林儿为宋之后并设御座礼拜，朱元璋和所有大臣都跪下行礼，唯有刘基立而不跪，并且说："韩林儿是一个没有作为的家伙，礼拜他有什么用？大丈夫应该有自己的宏图大志，敢于夺取天下。"

朱元璋听了对他更加尊重了。开始征讨陈友谅的时候，军事上经常失利，有些人主张投降，有些人主张撤到钟山去躲一躲。刘基在会上两眼直直地注视着朱元璋，却一言不发。朱元璋感到这事挺奇怪，就单独把他召到内室，征求他的意见。刘基激动地说："敌人打了几回胜仗，已经骄傲了，就容易对付了。只要派精兵设下埋伏，一定能打败他们。"朱元璋听从了他的意见，采取诱敌深入伏兵出击的办法，打败了陈友谅的入侵军。不久，陈友谅又引军复陷安庆，朱元璋亲自率军出击，攻打安庆，从早到晚不停地攻打，也攻不下来。刘基就请朱元璋直接向江州进军，攻打陈友谅的老巢，一举而下，陈友谅无家可归，率领部下携带妻子儿女逃奔武昌去了。这时，朱元璋又产生了骄傲思想。陈友谅的部将胡美镇守龙兴，派他的儿子来见朱元璋，提出想投降过来，但要求不解散他的将士。朱元璋一听很不满意，刚要发作，刘基从后面用脚踢他坐的床，朱元璋警觉过来，立即转变了态度，表示欢迎，答应不解散他们的部下。这样一来，江西的各个城镇的守将，都自动向朱元璋投降了。以后，灭陈友谅，取张士诚，北伐中原，成就帝业，基本上都是按照刘基提出的战略思想进行的。

朱元璋即位后，刘基任御史中丞兼太史令，坚持实行严格的法制。中书省的都事李彬，犯了"贪纵"罪，刘基和李善长的私人关系很好，李善长替他向刘基求情，刘基不听，立即奏请朱元璋批准，把李彬斩首。由于他执法地严格，铁面无私，受到一些廷臣攻击，他借机请求辞职，回到老家青田。

丞相李善长因李彬事对他不满，当着朱元璋说过对他不利的话。有一次，朱元璋因事责李善长，想撤掉他的职务。刘基知道后，就对朱元璋说："李善长是元老大臣，办事有经验，在全体大臣间有威信，不要轻易撤换。"朱元璋说："李善长几次想加害于你，你怎么还替他说话？这次我打算任命你当丞相了。"刘基严肃地说："我不能以私怨误国，丞相是国家的栋梁，好比殿堂的大柱，必须用善长这样的大木材行，若换上像我这样的小木，那殿堂就会立即倒覆了。"明洪武三年（公元1370年），朱元璋大封功臣，刘基被授为开国翊运守正文臣、资善大夫、上护军，封诚意伯。刘基再三辞谢不受，便请求准许他"归老于乡"，又回到了青田。回乡后，他隐居山中，惟饮酒弈棋，从不跟别人谈自己有什么功劳，一心想过个和平安定的生活，终老于林泉之下。

然而，他在家中没过上二年，就又被迫回到了京师。原因是胡惟庸当了丞相，怀恨刘基当朱元璋说他非丞相之才，挟嫌报复，诬告刘基有帝王的"野心"。朱元璋对这种说法虽然似信不信，但还是下诏夺了刘基的俸禄。从此刘基不敢再提归乡之事。不久，由于忧愤，刘基得了重病，到家后很快就去世了。

义军统帅李自成指挥超群

李自成（公元1606年～1645年），陕西米脂人，原名李鸿基。25岁领导起义后，先后被称为闯将和闯王。39岁在西安建立大顺政权时，称顺王。他领导农民起义军，推翻了腐朽的明王朝。他在军事方面的成就，达到我国农民战争史上前所未有的高度，不愧为杰出的军事统帅。

李自成家世代务农，他自幼年即入寺为僧，后又在地主姬姓家佣工牧羊。21岁至县城银川驿充任驿卒。递送文书之余，练习骑射技术。由于李自成"沉凝多智，勇猛而有胆识"，交友"舍己好义"，又在为僧时曾得以学习，粗识文字，所以颇得众心，深为驿卒所拥戴。

崇祯三年（公元1630年）一月，李自成等驿卒失业，他欠邑绅地主艾同知的贷款无力偿还，被枷示于通衢烈日之下，不准吃饭。原于李自成一起共事的驿卒，不胜愤怒，打走看守人员，拥其出城。李自成遂领导驿卒举行起义，一夜得千余人，率部参加了张存孟部农民军。

崇祯四年（公元1631年）四月间，张存孟战败降明，李自成自立为一军，东渡黄河，参加高迎祥部农民军，被编为第8队闯将。次年初，经畿南进入豫北。五月间王自用在武安作战负伤，余部归附于李自成。至此，李自成已成为明末农民起义领袖。

从崇祯六年至十三年间，李自成一直在陕、甘、宁、川、楚等地往返流动，打过不少胜仗，已锻炼成为一名杰出的军事将领。

崇祯十三年（公元1640年）十一月间，李自成乘明军统帅杨嗣昌率主力入川追击张献忠的机会，率所部千人出商洛山区，进入河南。迅速发展为10万余人的大军，连破永宁、宜阳、新安三城。崇祯十四年（公元1641年）正月，李自成攻占河南军事重镇洛阳，杀福王朱常洵，开仓赈济灾民，农民军日益壮大。

到崇祯十五年（公元1642年）七月，罗汝才又率部归附李自成，闯王的兵力更为强盛。从崇祯十四年至十六年，李自成曾三攻开封，并在流动作战中，5次歼灭或击溃明军主力兵团（孟家庄、襄城、朱仙镇、塚头、汝宁）。改变了中原的战略形势，在河洛地区站稳了脚跟，将农民战争更向前发展一步。

李自成占领襄阳后，在月余时间内，席卷荆、襄6府各州县，并深入江西境内，所向披靡。至此，河南南部5府78州县和荆襄6府各州县，连成一片。李自成遂在襄阳建立大顺政权。初称"奉天倡义文武大元帅"，后又称新顺王。除中央政权外，在77州县建立了地方政权。有骑兵约12000人，步兵约4万人。地方卫戍军13卫，总计约3万人。

崇祯十六年（公元1643年），10月上旬，大顺军遂以破竹之势进击西安，明军闻风而逃，11日即占领西安，至12月间，秦、陇全境及晋西南地区全为大顺军控制。

崇祯十七年（公元1644年）初，李自成改西安为西京，正式定国号为大顺，改元永昌。

李自成在西安经月余整顿，即率主力10余万，东渡黄河，经太原、大同，迂回至居庸关从北面进攻北京。李自成于3月17日驰抵北京，城外明军三大营首先投诚。18日晚，守彰仪门的太监开门献城。19日晨，李自成指挥军队突破内城，朱由检自缢于景山，至此，统治中国近300年的明朝，终于被大顺王李自成领导的大顺军所推翻。这时，守山海关的明将吴三桂降而复叛，占领山海关，并写信给清政府，要求联合进攻北京李自成大顺军。21日，李自成进至石河（山海关西约10里），与吴三桂军激战半日，吴军退入山海关城。此时清军在多尔衮的率领下，已兼程急进至一片石，进至距山海关仅两里的欢喜岭地区。22日，李自成与吴三桂军再战于石河。激战至中午，吴军已渐不支，清军骑兵乘东北风大起之利，由角山迂回至李自成军左侧背，突然发起进攻。李自成军在清军、吴军夹击下，溃退永平。23日，再战于永平红花店，又败，李自成遂率军退回北京。

李自成回到北京后，于30日向陕西作战略转移。李自成至西安时，山东、河北、河南等旧明官僚及地主豪绅、乘机纷纷叛变，袭击大顺地方部队。次年正月初，李自成连续三次出击，均被清军击退。李自成放弃关中，出武关经豫南转去襄阳。在清军追击下，3月间弃襄阳沿汉水南下武昌，4月间再弃武昌沿长江东进九江。李自成在前有南明军的阻拦，后有清军追击的情况下，在武昌、九江之间，弃舟登岸，由金牛（湖北黄石西南）南下。5月4日，李自成进至通山九宫山，率20余亲兵视察地形时，遭到当地地主武装程九伯乡团的袭击，不幸牺牲，终年40岁。

太平军统帅杨秀清大智富略

杨秀清（公元 1820 年～1856 年），广西桂平人。早年失去父母，随伯父种山烧炭度日。公元 1844 年（道光二十四年）在紫荆山参加冯云山组织的"拜上帝会"，成为该会最早的骨干成员。1848 年冯云山被捕，洪秀全去广东营救，"拜上帝会"一时群龙无首，面临瓦解。杨秀清及时假托天父附体，传言于会众，稳定了形势。1851 年 1 月 11 日，与洪秀全、冯云山等共同领导了金田起义。3 月正式建立太平天国和太平军，杨秀清任左辅正军师，领中军主将。不久，太平军分 3 路从紫荆山突围，杨秀清统兵居中路，负责全盘战斗的指挥，获得成功。9 月，太平军占领永安开始封王，杨秀清为东王，九千岁。他与洪秀全率宰北上，先攻取了武汉，又东进占领了金陵（南京的古称）。1853 年，太平天国在金陵建都，改称天京，由杨秀清主持朝政。但杨秀清逐渐居功自傲，以致引起领导集团内部分裂。1856 年 1 月 2 日，被北王韦昌辉借机杀死。1858 年，洪秀全恢复了杨秀清的爵号，并把东王忌日定为"升天节"加以纪念。

杨秀清是太平天国战争的实际策创者和指挥者，曾创造过许多以少胜多的战例，赢得了数次关键性战役的胜利。其中比较著名的有永安突围战斗和一破江北、江南大营。

1851 年 9 月 25 日，太平军一举占领永安。这是金田起义后夺取的第一座州城。但很快即被清军包围，与外界断绝联系达半年之久，粮草殆尽，火药亦也用完，形势严峻，杨秀清遂组织突围，将突围方向选择在城东古苏冲。因为驻守该地的清军只有千余人，团勇，战斗力不强；且该地道路崎岖，敌人易于麻痹；又据情报得悉，该地藏有火药，可用以装备自己。为保证突围顺利，杨秀清于4月1日派罗大纲部对古苏冲清军进行了一次试探性突袭，得火药10余担，在烧毁敌营后撤回，清军判断太平军不会由古苏冲方向突围，因而未对古苏冲增派兵力。4月5日，太平军全军万余人，于深夜冒雨出城，径奔古苏冲。在清军追击下，后卫损失千余人。为摆脱被动，杨秀清在大峒山设伏待敌。8日晨，清军进入伏击圈，太平军乘大雾弥漫，向清军发起攻击，伤清军总兵4人，歼参将以下兵弁约数千人，缴获大量武器和军需。由于杨秀清在这次突围战斗中，采取先打后退，走中有打的作战指导，所以取得了前所未有的胜利。清军遭此歼灭性打击后，无力再追，太平军乃得以从容北上。

太平天国定都金陵后，清王朝为阻止太平军东进、北上，在金陵南孝陵卫和江北扬州两地屯驻重兵，称江南大营和江北大营，它们一直威胁着天京的安全。1855年，太平军在西征战场转败为胜，杨秀清抓住战机，从西线抽回大军东援，企图摧毁清军江北江南大营，改善天京处境。当时，驻守天京外围重要据点——镇江的太平军，正遭清军日夜围攻。因而，击破江北江南大营的战役，首先从解除镇江之围揭开序幕。1856年初，杨秀清从皖西调陈玉成、李秀成返回天京，东进镇江。实施两面夹击，大败清军，直抵镇江。解除镇江之围后，乘胜渡江，尽破"大小清营一百二十余座，……当即顺破扬州"，一举摧毁江北大营。

江北大营被摧毁后，杨秀清又从西征战场上调来石达开部3万余人。杨秀清采取声东击西策略，"攻其所必救"，令石达开攻击溧水，结果"向荣复分兵驰击之"，造成了天京附近清军兵少营空的有利姿态。对于杨秀清的作战部署，不少人并不理解，希望东王收回成命。但杨秀清成竹在胸，不允所请，宣布"不奉令者斩"。事实表明，杨秀清的战役指导是十分正确的，战役进展非常顺利，几天之内，将清军经营3年之久的江南大营彻底摧毁。击破江南大营后，为进一步扩大统治区，杨秀清令李秀成、陈玉成等领兵追击南逃清军，顺路攻克句容、丹阳，暂时解除了天京的肘腋之患。

铁木真统一蒙古之战

　　12世纪下半叶，居住在额尔古纳河一带的蒙古族，西迁至鄂嫩河上游的肯特山东部草原驻牧。其孛儿只斤部首领铁木真逐渐兵强马壮。公元1179年，铁木真自即汗位，决心以武力统一蒙古各部，要做整个蒙古民族的皇帝。

　　当时，蒙古各部和突厥各部均为金朝的藩属。铁木真首先设计破坏塔塔儿部与金朝的关系，使之兵刃相见。公元1194年正月，金枢密使完颜襄率军出赤山口北进，讨伐塔塔儿部，塔塔儿部向北且战且退，至克鲁伦河下游南岸集结，准备与金兵决战。

　　同年2月，完颜襄得到蒙古宏吉剌部支援，在克鲁伦河下游南岸大败塔塔儿部。塔塔儿部溃众北逃，不料与铁木真之军遭遇，损失惨重，蔑古真薛兀勒图逃往忽速秃失秃延，筑寨为守。铁木真进军围攻，破寨后卡死蔑古真薛兀勒图，尽得其辎重。完颜襄嘉奖铁木真建立大功，奏请金章宗册封铁木真为"扎兀忽里"（招讨使）。

　　就在这次战役将要结束时，主儿勤部首领撒察别乞乘铁木真攻打塔塔儿部时，突然袭击铁木真留在后方的营寨，然而待攻破之后，才发现为一空寨。撒察别乞在归途中，铁木真已经回师杀来，部下多为铁木真俘虏。铁木真派人跟踪追击，至迭烈秃口子将撒察别乞擒获。

　　公元1199年秋天，铁木真与王罕合兵，沿薛灵哥河南岸溯河西上，直达乞湿泐邑失海子，一举袭破了蛮首领古出古敦不亦鲁的大营，夺其人畜极多。古出古敦不亦鲁的哥哥台不花发兵迎击铁木真与王罕联军，亦遭重创。

公元1200年正月，铁木真侦知塔儿忽台召集汪忽哈忽出、忽里勒、忽都答儿、乞里勒秃里等部首领在斡难河与温连河之间（今俄罗斯尼布楚南）开会，欲向大举进攻，自率大军与王罕会师撒里川（今俄罗斯赤塔南），先敌发动攻势。铁木真将塔儿忽台诱入预设的伏阵中，将其各个歼灭，然后与王罕挥军追击，擒获忽都塔儿，逼走汪忽哈忽出和忽里勒等。

扎木合唯恐战祸就要降临在自己头上，收容败逃的泰亦赤兀残部，并连结东方的哈塔斤、撒勒只兀、宏吉刺、亦乞刺思、火鲁刺思、朵儿边、卫拉特、撒儿助特等部，以及蔑儿乞和乃蛮等部，齐集于阿勒压不刺（今黑龙江嫩江市西），相约合击铁木真。公元1201年1月，各部在兀勒灰河（今额尔古纳河支流乌鲁圭河）结盟，共拥扎木合为古儿汗，作为联军的最高统帅。铁木真闻讯，与王罕分别集合大军，沿克鲁伦河北岸向东北还击联军。双方相遇于阔亦田（奎屯山）以南，联军大溃。然而，正当铁木真要发动追击时，忽闻泰亦赤兀部即进击自己的侧背，乃停止对当面之敌的追击，回击泰亦赤兀部。

铁木真击溃泰亦赤兀部后，移兵向东，又围攻塔塔儿余部。公元1202年秋天，铁木真进军至失鲁格只特（今俄罗斯尼布楚东北至黑龙江漠河市以西），终于尽俘塔塔儿余部。札木合得知此讯，又闻铁木真将收降宏吉刺部，心中大惧，遣使联合蔑儿乞部及突厥乃蛮部，约定于这年年底同时起兵，夹击铁木真及王罕。蔑儿乞部首领脱里脱阿与乃蛮部首领古出古敦不亦鲁，集中其所有兵力，自巴尔古精海子（今贝加尔湖）向东进军，通过肯特山与外兴安岭之间前往阔亦田河流域，与铁木真及王罕之军决战，结果全军覆灭。札木合又决心孤注一掷，率军进攻王罕于合蔑温赤敦山（今黑龙江省阿尔滚岭），亦受挫败溃，被迫向王罕投降。至此，虽然蒙古某些部族的首领和残余军队投匿在王罕乃蛮部中，铁木真已尽有蒙古各部的领地。

四川统帅余玠独创城防体系

余玠（？～公元1253年），字义夫，号樵隐，淮西路蕲州人，南宋末期著名的抗蒙军事将领。

余玠出生于一个因战乱而家道中落的地主家庭，本为一介书生，曾就读于著名的白鹿洞书院，擅长书法，精于诗词，其作品至今尚有流传。他为人"好大言，喜功名"，被人讥为"无行"。一次，他在茶肆饮茶，因口角不慎殴死卖茶老翁，为避罪不得不逃离家乡，去泗州（今安徽泗县）投军。他以新"作长短句（词）上谒"，得到当时淮东制置使赵葵的赏识，遂被留为帅府幕僚。

公元1237年10月，蒙军进攻淮东，余玠随赵葵参加了驰援安丰之战，击退了蒙军，以功升代理知招信军事，不久再进工部郎官衔。公元1238年9月，蒙军主力围攻滁州，余玠奉命率军南援，到达滁州地区时蒙军已转向天长，余玠由其侧后进行突袭，获得胜利，得到宋理宗赵昀的表扬。

蒙军为大举攻宋，在汴京建造了大批战船。宋王朝派余玠率领一支精锐部队，潜入敌军后方，摧毁蒙军造船基地及已造战船。公元1239年，余玠率部由泗州乘船沿淮西进，然后北向入涡水、蔡河，经亳州挺进至汴京，河阴等地，袭击了蒙军，烧毁了大批造船设备及战船，全师而归。在这次远程奔袭的作战中，显示了余玠的军事才能和指挥艺术，被越级提升为淮东提点刑狱兼知淮安府并兼淮东制置司参谋官，成为淮东路的重要将领。

公元1242年5月，余玠奉召入朝奏对，他报告了自己对朝政的两点看法，赵昀对余玠的见解，表示赞许。6月间任命余玠为代理工部侍郎衔，任四川宣谕使。因怕宣谕使权力不足，12月间又改为代理兵部侍郎衔、任四川安抚制置使、兼知重庆府，主持四川军政大计。

余玠至四川后，全力以赴地进行修筑城池，搬迁治所的工作。余玠在任之年，共修筑山城20，搬迁治所14。创建了以蒙军骑兵为对象，以四川地形为根据的山城防御体系。

余玠到任的第二年（公元1243年），各地山城已按预定计划开始修筑，蒙军于当年向四川发动进攻。虽然很快攻占了资州，但在已经筑城的嘉定、泸州等地，却遭到守城宋军的顽强抵抗，最后无功而还。公元1246年，四川的山城防御体系，在余玠积极经营下，已基本完成。当年蒙军分4路进攻四川。由于宋军均按余玠的部署，集中防守各山城要点，蒙军均被阻于城下。蒙军大将汪德臣遇阻于运山城时，弃骑步攻，结果失败，其弟汪直臣亦在进攻中战死。

经过余玠8年的经营和获得两次胜利后，四川形势趋于稳定。公元1250年10月，赵昀下诏表扬余玠。

公元1252年10月，蒙军集中与四川接壤地区的兵力，分道入川，进击至嘉定地区。余玠命嘉定守军，利用城、寨坚守待援，同时自率援军到达嘉定，部署勇悍的播州少数民族部队5000人，据守蒙军必攻的万山、必胜两堡，充分发挥强弩的优势，将蒙军阻止及歼灭于阵地前；余玠则指挥其他各路援军，"潜军夜出"，轮番袭扰敌营，以杀伤、削弱敌军，俟敌军疲惫时，即组织反击，终于击退了蒙军。在蒙军撤退途中，余玠又命令沿途各地守军，步步阻截，蒙军损失严重，退出四川。

余玠担任四川最高军政长官10年，四川的军事、政治、经济及社会情况，均较前有所改进，局势基本稳定。因而，余玠的官阶，也由兵部侍郎、四川制置使晋升为兵部尚书、四川制置大使，经华文阁待制，进徽猷阁学士，再进龙图阁学士，端明殿学士。另一方面，他自己本身的骄气也逐渐上升。嘉定之战时，利戎司都统王夔对余玠不够恭谨，余玠极为不满，这时遂"召夔计事"，至而斩之。可是由于王夔部属自举统制姚世安代替王夔职务，并公开与余玠对抗。余玠因"威名顿挫"而忧郁成疾，再闻赵昀将免其帅职的消息，愈不自安，病情加重，终于在7月间病死。

金明萨尔浒之战

公元1616年1月，努尔哈赤宣布建国，国名大金（史称后金），年号天命。

4月，努尔哈赤下令伐明。他率诸贝勒大臣，统领步骑2万，鸣鼓奏乐，拜谒祖先，书写伐明檄文，向天祷告。然后离开都城，向抚顺方向进发。

第二天，天刚放亮，直抵抚顺城下。努尔哈赤决定先礼后兵，抓住当地一个人，给驻守抚顺的明朝政府游击李永芳带去一封劝降书。李永芳自料寡不敌众，便把抚顺献给了努尔哈赤。接着，东洲和马根单也被攻下。努尔哈赤初战告捷。

5月间，努尔哈赤率军进入辽东边墙，连续攻克抚安、花豹、三岔各堡，获取了大批粮食。7月，进军鸦鹘关，包围清河城，明副将邹储贤以1万兵固守。金兵架设云梯，不避滚木矢石，飞跃而上，邹储贤和万余守兵全部战死。

明万历四十七年（1619年），朝廷命杨镐率大军誓师出征，分4路向北进发。努尔哈赤得报，神色镇定地说："凭他几路来，我自一路去！"说完，他任命儿子代善为先锋官，率军先行。他亲自带领各贝勒大臣统八旗兵6万余人，西进迎敌。

此时，杜松率领3万大军，已朝萨尔浒方向赶来。杜松一心想立头功，督促全军速进。驻守界藩山的后金400士兵事先埋伏于萨尔浒谷口，当明兵刚过去一半，后金伏兵突然奔出，猛力冲杀。明兵猝不及防，一时队伍大乱。后金兵乘势冲过界藩渡口，与筑城夫役共守界藩山的吉林崖。杜松受此冲击后，把大营驻扎在萨尔浒山，留2万人守大营，他亲自率1万人攻界藩。努尔哈赤率兵赶到，他命令代善、皇太极率两旗兵15000人增援界藩，他自统4旗兵45000人破萨尔浒明军大本营。明兵闻警，慌忙列阵，发铳炮轰击，爆炸声惊天动地。以善射见长的后金兵，漫山遍野散开，手持强弓，迎着铳炮，一边呐喊着，一边猛冲，万箭齐发，如飞蝗一样飞向明兵。后金兵跨越明兵的壕堑，砍断栅木，冲入营中。明兵顿时大乱，到处逃窜，后金兵刀枪乱飞。明兵纷纷倒毙，尸横遍野……没用多长时间，萨尔浒山上山下的2万明兵全部被歼。

这时，界藩出的战斗也开始了。先派去的1000后金兵自山上向下飞骑冲击，已渡过浑河的皇太极所部2旗兵从后面夹击明兵。杜松接到萨尔浒大营被攻破的报告，早已慌了手脚。努尔哈赤挥军从四面攻入，步骑兵纵横驰突，把明兵分割成数块，双方短兵相接，只听见刀枪撞击发出咔嚓、咔嚓的声响，战马嘶鸣，喊杀声交织成一片，杜松在乱军中，左冲右突，无法摆脱后金军的攻击，突然一箭飞来，射中头部，接着又身中数箭，一头栽于马下而死。不到一天时间，杜松一路3万余人全部被歼。

努尔哈赤乘胜率领大军北进，迎击马林所部。当天夜里，马林在离萨尔浒40里左右的尚间崖安营扎寨，布防工事，第二天早晨，皇太极一马当先，引1000名骑兵，横冲过去，专攻一角，突进明营，后面大军从这个突破口一拥而入，明兵大败。为了不给明兵喘息的机会，努尔哈赤复率大军发起进攻，大贝勒代善、二贝勒阿敏、三贝勒莽古尔泰指挥两旗兵跟着冲过去。皇太极与先冲入的骑兵已穿过明营，绕到背后，回过头来又冲入敌阵，与后到的6旗兵前后夹攻，往来冲击，把明兵冲得七零八落，全线瓦解。马林仅以身免，逃到开原去了。

再说杨镐，把4路军打发走了以后，他坐镇沈阳，专等捷报。3月3日，他接到了2路大军覆没的报告，目瞪口呆，一下子瘫软在椅子上，半晌说不出话来。急忙下手令，派快马通告二路停止前进，迅速回师。

刘铤一军，出宽甸口，他一点也不知道杜松、马林两路遭到惨败，仍然催促全军继续前进，正准备抢占阿布达里岗。皇太极率军已抢先一步登上山冈，居高临下冲击，明兵奋力抵抗。大贝勒代善率军从山冈两侧出现，冒充杜松军，兵士都穿着明兵装束，打着杜松旗帜，混入明兵营中，突然发动攻击，明兵溃乱得不可收拾。杨镐的手令还没到达，万余明兵只有极少数侥幸逃脱。

只用了5天时间战斗就结束了，明兵阵亡45000人，将领阵亡300余名。不久，努尔哈赤率胜利之师攻陷开原、铁岭；8月间灭掉叶赫。明在东北的统治崩溃瓦解。